JN198656

コンビニ全史

日本のライフスタイルを変えた50年の物語

日本経済新聞編集委員
中村直文

The History of
Japanese Convenience Stores
1974-2024

日本経済新聞出版

まえがき

人類が属する哺乳類は10センチメートルにも満たない小さな生物として中生代に誕生した。恐竜の全盛期を生き抜き、巨大な隕石衝突など様々な危機を乗り越え、進化を遂げていく。そして人類の誕生につながり、地球の「覇者」として君臨するわけだが、哺乳類の進化のプロセスはどことなくコンビニエンスストアに似ている。

１９６０年代後半から70年代初頭、小さいスーパーのような、町のよろず屋のような「異形」の小型商店がぽつりぽつりと姿を現していく。当時はコンビニという名称も認知されておらず、名無しの店だった。というのも当時はスーパーが本格的な出店に乗りだし、百貨店とともに大型小売店が恐竜のように個人消費の世界を支配していたのだから。

コンビニは時代と逆行したように見え、今日のような発展を遂げるとは誰も予想していなかった。哺乳類が生きのびた一因はサイズの小ささだ。小回りがきき、特定の機能に特化しない柔軟性で環境に適応しながら進化を重ね、人類をはじめとする強力な生物群を生み出した。

まさにコンビニも消費者への近さを武器に多様な利便性を提供し、強力な「生態系」を作り上げた。とりわけ1980年代以降、女性の社会進出、一人世帯の増加などで生存環境はさらに好転し、2010年代に向け、「店舗数爆発」が起きた。逆に小売りの盟主だった総合スーパーや百貨店などの大型店は出店・価格競争が激化し、大型生物のように淘汰が進んだ。

日本フランチャイズチェーン協会によると、日本国内のコンビニ店舗数は7社で5万5000店を超え、2023年の年間売上高は11兆6593億円で1600億人強が利用している。ここに大小様々なメーカー、卸、サービス企業が積極的な投資を進め、巨大な「コンビニ経済圏」を育んでいる。

そんなコンビニも誕生してから半世紀、曲がり角を迎えている。人口減や少子高齢化に伴い、市場の先細り感が強まっているほか、人手不足も深刻化。さらに強みとしてきたきめ細かい店舗網と物流網の維持が難しくなってきたからだ。

コンビニもかつての他の小売業態のように停滞期を迎えるのか、あるいは新たな進化を遂げるのか。コンビニの動向は日本での個人消費、いや経済全体の動きにも影響を及ぼすだけに、注目度は増している。

2024年はちょうど日本独自のコンビニを作り上げたセブン―イレブン・ジャパンが1号店をオープンしてから50年という節目に当たる。2021年に米国のコンビニチェーン、スピードウェイを2兆円超で買収し、グローバルチェーンとして成長への上げ潮ムードが強まるかと思いきや、2024年8月に想定外のことが起きた。カナダの同業のアリマンタシォン・クシュタールから買収提案を受けたのだ。

日本最強の小売り集団として君臨してきたセブンイレブンを傘下に置くセブン&アイ・ホールディングスが買収対象になることに、世の中は騒然とした。国内で圧倒的な競争力を持ちつつも、グローバル競争の波にのみ込まれてしまうのか。日本経済の弱さを露呈したようにも見え、先行きに不安を抱いた人も多い。そんな日本経済のカギを握るコンビニの未来を考える上で、半世紀の歴史を振り返る必要性があると感じた。本書は創業期の苦闘、商品開発を巡るドラマ、加盟店オーナーや経営者インタビューなどで構成している。ビジネスのヒントとして、あるいは経済史を彩るドラマとして楽しんでいただければ幸いである。

（本文中　敬称略）

本書に掲載した写真のうち、P59、76、100、109、121、123、127、134、144、178、181、184右に掲載したものは日本経済新聞社提供です。そのほかは各社よりご提供いただいたもの、または著者による撮影です。

目次

Contents

第3章
濃密すぎる セブンイレブン「食」経済圏

第4章

PB開発とアリアケジャパンの「プロジェクトX」

第5章

セブンカフェ、敗者復活戦が生んだ80億杯

第6章 ニッポンの消費を変えたセブン物流革命

第7章

ローソン、ダイエー流×キャバレーに成長の源泉

第8章

ファミリーマート、「3位じゃダメなんです」の拡大戦略

第9章

セブンイレブン、買収提案に至る激動の15年

第10章

コンビニの生みの親、鈴木敏文氏に聞く

第11章 セイコーマートの「衰退戦略」

対談

「コンビニ人間×コンビニ社長」

小説家 村田沙耶香氏 × セブン―イレブン・ジャパン元社長 古屋一樹氏

撮影／文藝春秋写真部

第1章

コンビニの夜明け、セブン1号店・誕生秘話

１９７４年５月15日。日本では見たことも聞いたこともない「セブンイレブン」の始まりは雨だった。東京・豊洲の１号店オーナー、山本憲司にとってその日は今も強く記憶に刻まれている。オープンは午前７時だったが、その前から納品トラックを待つためにドアを少し開けていた。すると６時半過ぎにドライバー風の男性が「開いている？」と店をのぞいてきた。

山本が招き入れると男性は店内をぐるっと回り、レジカウンター近くの８００円のサングラスを購入した。わずか数分の接客だったが、緊張のせいか、山本には何時間にも感じられた。

経営陣や他店オーナーの相談相手に

当日はチラシ作戦などが奏功し、８００〜９００人が訪れた。流通革命の立役者であるダイエー創業者、中内㓛もお供を引き連れてやってきた。もちろん当時のセブンイレブンを運営するヨークセブンの親会社、イトーヨーカ堂社長の伊藤雅俊、セブンを日本に招致した鈴木敏文も来店した。山本は「とにかくドタバタしていて、伊藤さんのお声掛けで記念写真を１枚だけ残せた」と振り返る。夜11時に店を閉め、レジを締めると初日の売上高は50万４０００円。予定の40万円を大きく上回り、うれしい誤算となった。

今でこそ、コンビニエンスストアは当たり前の存在だが、人は体験したり、経験したりしない限りは既存のモデルに寄せて考える。１９７０年代初めにコンビニが登場した頃は「深夜スーパー」と呼ばれていた。事実、親会社のヨーカ堂自身、五里霧中の船出だった。そんな未知の世界に飛び込んだ山本はセブンイレブン創業期の「実験」を担い、働き方、商売姿勢、経営哲学は他のオーナーたちの手本となる。今も現役の店舗オーナーであり、非公式なオーナー会を2カ月に1回開いて、セブンイレブン本体の経営陣にも意見を具申する。

「これだけ規模が大きくなると、現場の日常的な課題が本部にすぐには伝わらない。本部の戦略とイノベーション、そして店舗の力が合わさらないと競争力は育めない。セブン―イレブン・ジャパンの永松文彦社長に報告すると『部下の報告とは違うなー』なんて反応する。それは当たり前で、部下の報告は少し割り引いて聞かないとね」と笑う。

一人のオーナーながら、経営陣から畑の違うヨーカ堂の経営について相談されたり、店舗経営の悩みへの解答集をまとめたり、グループを超えた商売の「生き字引」と言っていい山本。ただ、そこに至るまでの道のりは険しかった。当初から親会社のヨーカ堂内部でもセブンイレブン導入に反対の声が強く、山本自身も周囲から反対された。奇跡に満ちた創業物語をお伝えしよう。

セブンイレブンは様々なサービスを開発し、生活インフラになった

1974年	フランチャイズチェーン展開を開始
	東京・豊洲に1号店
75年	24時間営業を福島県郡山市で開始
82年	POSシステムによる「単品管理」
87年	東京電力の料金収納業務取り扱い開始
91年	**米サウスランド社の経営に参画**
2000年	マルチコピー機を導入
01年	**店内にATM設置開始**
07年	セブン&アイグループPB商品のセブンプレミアム発売
13年	「セブンカフェ」販売開始
19年	深夜休業ガイドライン制定
21年	米コンビニ大手のスピードウェイ買収

酒販店などの転換で1000店になったよ(80年)

コピー、写真プリント、チケット発券と便利になっていったわ

お食事お届けサービス(2000年)や移動販売(11年)も始めたね

日米双方からの「NO」

セブンイレブンの創業は商売観、あるいは社会観を巡る「意地」から始まった。主役は1971年にイトーヨーカ堂の取締役に就任したばかりの鈴木敏文だった。新任の役員に巡ってきたやっかいな仕事の一つがスーパーの出店を巡る地元商店街との交渉だ。大型店の進出で中小店の店主は商売が失われるとして拒絶反応を示し、地元の政治家まで担ぎ出してくる。鈴木は「中小小売店と大型店との共存は可能だ」と説明しても、なかなか聞き入れてくれない。途方に暮れた鈴木が流通先進国の米国へ視察に行くと、悩みを解消する思いがけない発見があった。

様々なスーパーやショッピングセンターを店舗開発部総括マネジャーの清水秀雄らとともに見て回る鈴木。ところが国土の広さ、商習慣、生活習慣があまりにも異なり、米国のスーパーのシステムを取り入れることに疑問を抱く。鈴木が日本で成功する可能性がありそうだと考えたのは、コーヒーレストランチェーンのデニーズだ。しかし当時のデニーズに日本進出の意欲は乏しい。そんなとき、鈴木の目に留まったのがセブンイレブンだった。

巨大スーパーが成長を遂げる一方、セブンイレブンは全米で4000店も展開していた。鈴木は「これを成り立たせるシステムとは何か」と関心を持ち、調べ上げると超優良企業である

米国流のコンビニ運営から脱した経緯を説明するセブン&アイ・ホールディングス「伊藤研修センター」の展示

ことがわかった。そしてこのセブンイレブンに中小小売店の活性化への「解」を見つける。中小小売店が立ち並ぶ商店街が低迷したのは、「日曜日の休業」や「営業時間の短縮」など顧客を度外視していること。同時に成熟化しつつある消費動向に対応しきれていないマーケティングの拙さにあると見た。

小さいながらも高収益を生み出すセブンイレブンにはこうした課題を解決する仕組みがあるとの仮説を立てたわけだ。1972年5月、ヨーカ堂はセブンイレブンを運営するテキサス州ダラスのサウスランド社の門を初めてたたく。翌1973年の4月、本格的な交渉がスタートした。鈴木と清水、そ

厳しい条件交渉を経てセブンイレブンの日本進出が決まった（左から2人目が鈴木氏）

して伊藤忠商事の担当者が臨んだ。伊藤忠のメンバーにはトヨタ自動車と米ゼネラル・モーターズ（GM）の提携に関わったJ・W・チャイもいた。

もっとも提携交渉はスムーズに進まず、日米双方から「NO」だらけで始まった。交渉団はまず、身内のヨーカ堂内部から様々な反対を受ける。「米国でセブンイレブンが増えたのは日本のような商店街がないから」「大型スーパーの時代に小型店では勝てない」「朝7時という早い時間帯や午後11時という遅い時間帯に客は来ない」――

何よりサウスランドの条件が厳しい。合弁事業とすること、出店地域は日本を分割した東日本のみ、ロイヤルティー（権利使用料）は売上高の1％、8年間で累積出店数は2000店――と次々突きつけられた。

鈴木はこれに「NO」を貫き、交渉は難航する。あまりに双方の隔たりが大きく、通常は不成立だろう。しかし意外なことが交渉を前進させる。ヨーカ堂社長の伊藤の態度だ。鈴木は伊藤との事前会談で「社長は7割反対の姿勢」と感じ取った。それなら、ダメ元で強気に出ようと腹を固め、交渉に臨む。気迫のこもった鈴木の主張が通り、セブンイレブンの日本導入に道が開いた。

「家族のためにもコンビニしかない」

1973年夏に合意し、同年8月28日付の日本経済新聞1面に「イトーヨーカ堂、コンビニエンスストアで米の最大手と提携」という記事が掲載された。これを読んで興奮したのが1号店のオーナーとなる山本だ。父親の健康不安から明治大学を休学し、1969年から実家の酒販店を手伝い始めたが、しばらくすると将来に不安を覚えるようになった。というのも周辺での注文取りと配達が仕事の中心で、売上高の8割が売り掛けだ。しかもメーカーの価格支配力が強く、商売の進化や成長が期待できない。

山本氏は実家の酒販店経営に限界を感じ、米国のコンビニにいち早く着目していた

そこで新たな小売りビジネスを求めて勉強するうち、「中小零細企業の近代化とアメリカのコンビニエンスストアの実情」というセミナーに出会う。「この小さな酒屋を生かすにはコンビニしかない」と考えるようになっていた時に見たのが日経の記事だった。「中学生の弟と高校生の妹を養うためにも、セブンイレブンをやろう」。山本は決意し、ヨーカ堂にフランチャイズ加盟の意向を記した手紙を送った。「私の店はアメリカの標準店の半分以下と狭いのですが、フランチャイズ（FC）店としては無理でしょうか？　発展する可能性のあるコンビニエンスストアに賭けてみたいのです」。宛先はよく分からないので、「イトーヨーカ堂本社内セブン－イレブン係様」だ。

もっともヨーカ堂はサウスランドの意向もあり、直営店でスタートする予定だった。まずはコンビニの経営ノウハウを直営店で学び、日本で適用できる部分やそうでない部分を見極めた上でFC移行しようとの判断からだ。このためヨーカ堂は山本に「FCにするのは1年後ぐらい、決まったら連絡します」と返答する。

ところが鈴木は逆の意見だった。確かに実験するには直営店が無難だが、それだと大型店の出店規制の網の目をくぐるため、ヨーカ堂が小さな店を始めたと思われてしまう。結局、鈴木案が通り、FC方式で事業展開することが決まる。

この間、山本の身辺も慌ただしくなった。ヨーカ堂の担当者から改めて連絡が来た。「あなたは独身ですね。社会的信用という意味では、結婚していないと……。付き合っている人はいますか。いないなら、イトーヨーカ堂の店には、たくさんの女性が働いていますから、何ならご紹介しましょうか」。今の時代感覚では炎上しそうな提案だが、当時の社会常識では違和感はなかった。

山本は額面通りに受け取り、親友に「妻探し」の協力を求める。すると前向きに考えてくれる幼なじみの女性が見つかり、とんとん拍子で話が進んでいった。2人は結婚することで合意し、山本はすぐさま本部に連絡したのだ。

その後、サウスランド社の担当者が来日し、山本を訪問する。その時の質問が実に細かい。

1号店を切り盛りしてきた山本さん夫婦と創業時の外観を再現したセブンイレブン

「あなたは自分の店で売っている総菜や酒のつまみを、家で食べることがありますか？　そのとき、どんな処理をしていますか？」。山本が「店から買う形にしています」と答えるとサウスランド社の担当者は「とてもよいこと」と返す。公私の区別がしっかりしているのかを確認する質問で、山本には印象深いやりとりだった。

　1974年1月、鈴木や清水らが山本のもとを訪ね、コンビニの将来的な方向と方針について話し合い、ついにFC店になる承認を受けた。その場でオープンは同年5月だと告げられる。「ずいぶん早いと思ったら、マスコミ向けのニュースリリースで5月オープンと発表してしまったから」(山本)。即断した山本は酒販店の在庫一掃セールと店舗改築に走り出した。

ところが地元の商店、酒販店の組合は山本の決断に反対意見を表明する。確かに当時の常識からすれば、個人店を次々と廃業に追い込むようにみえる大手スーパーがなぜ零細店と手を組むのか、理解できない。しかし山本はいち早くコンビニのビジネスモデルを学び、将来を考え抜いてきた。「常識」より「未来」にかけたのだ。

日本の消費生活を大きく変えてきたコンビニ。もっとも米サウスランドの経営マニュアルは日本の商売の実情には合わなかった。ベースとなる商標、コンセプト、会計システム以外のノウハウは日本独自のシステムに手直しした。もし米国側の言う通りに始めていたら、ここまで社会に根付かなかっただろう。山本も開業前に実施した研修では米社の方針と商売の実情が違うときには外国人トレーナーに何度も「なぜ?」を連発し、相手を怒らせたそうだ。

多くの外資系流通企業は日本の実情を深く理解しないまま進出し、失敗や撤退にいたるケースが目立つ。自らの信念や見通しで腹をくくり、交渉相手の意向や世間の噂をうのみにしない「反対力」がコンビニというイノベーションを日本で開花させた。日々の消費にとどまらず、日本でのセブンイレブンの誕生は、企業経営の常識まで変革したといっていいだろう。

第2章 コンビニおにぎり物語

セブンイレブンの1号店が1974年に東京・豊洲にオープンし、今や2万店を超える規模に成長した。開業時の感覚からすれば非常識に思えたわずか約150平方メートルの小さなお店が、日本人の食生活、ライフスタイル、産業界までも変えてしまったわけだ。

成功を収めた最大の理由はライバルに先んじて消費の成熟化をにらみ、買い手本位の経営スタイルを作り上げていったことだろう。米国の経営学者のフィリップ・コトラーが定義したマーケティングモデルを見ると、わかりやすい。コトラーはマーケティングモデルを時系列的に四つに分けている。

マーケティング1・0（1900〜1960年代）は大衆消費社会が勃興し、「製品を安く売り、利益を最大化すること」と定義。要するに作れば売れる時代で、メーカーや小売りなど作り手と売り手が主導だった。

そして2・0は1970〜1980年代。企業間の競争が激しくなり、銘柄やブランドなどの影響力が増してくる。売り手の都合だけではモノが売れにくくなり、「買い手」主導への移行が不可欠になる。セブンイレブンはまさに2・0時代の申し子であり、「便利さ」という新たな軸で市場を作り上げた。便利さというのは朝から深夜まで営業しているという利便性に加え、それまで家で作っていた食事を外でも買えるようになるという「商品革命」でもあった。

東京都・豊洲でセブンイレブン1号店は開業した

決め切れなかった店舗のコンセプト

1店舗当たり3500品目をそろえるコンビニの中でも、革命的なアイテムが「おにぎり」である。おにぎりの歴史は長い。一般社団法人おにぎり協会によると、縄文時代中期の紀元前6000年ごろに日本にイネが伝わり、同3000～2800年ごろに九州から東北にまで稲作が広がる。ではおにぎりがいつごろから食べられていたのかと言えば、紀元1世紀ごろとされる。実は石川県中能登町で、もち米を蒸して固めたおにぎり状のチマキ炭化米塊が1987年に発見されたのだ。

今も中能登町には最古のおにぎりの塊のレプリカが道の駅などに飾られ、「おにぎりの町」として有名になった。平安時代以降は兵士の携帯食となり、江戸時代にはのり巻きおにぎりが発明された。明治時代に入ると駅弁として売られ、学校給食にも登場する。そして戦後は日常食として定着した。

そんなおにぎりに目をつけたのが、セブン―イレブン・ジャパンだ。もっともオープン間もない頃、そもそもコンビニにどんな品ぞろえが必要なのか決め切れていなかった。

1号店をオープンしたセブンイレブンだが、決まっていたのは「便利さを提供し、買ってから30分以内に消費すること。今なくても困ったときに、そこに行けばあるもの」という定義だけ。では具体的に何を棚に並べるか？　米国では男性の利用客が6割、女性が4割などのデータはあったが、当時、日本には消費者に関するデータはほとんどなく、見当もつかない。ヨーカ堂で売れているもの、若い人が買いそうなものなど「ざっくり」としていた。

米国のセブンイレブンでは置いていなかったが、日本のセブンイレブンは当初、肉や魚、野菜という生鮮3品のほか、菓子パンや食パン、牛乳、調味料、菓子類、シャンプー、歯磨き粉などを並べた完全なミニスーパーのようだった。一時期はポップコーンや綿菓子なども売ったようで、露店的でもあった。

今でいう社内「スタートアップ企業」であり、創業期はそんなものであろう。米国のセブンイレブンでは生ものは扱っていない。生鮮品は果物ぐらいで、肉は燻製《くんせい》か、ハム。鮮魚はない。一方、日本は生もの需要が米国に比べ旺盛で、生鮮3品は欠かせないとの結論に至った。

しかし野菜は仕入れ量も少なく、値段は安くないし、見た目も新鮮ではないかのように受け取られた。鮮魚も廃棄が多く、仕入れ量は減るばかり。

ここでビジネス訓となるのがコンセプトの明確化だ。便利さを売りにするコンビニを追求するうちに「調理する必要のある生鮮品は不要で、調理しなくていい食品を売るべきだ」との結論に達した。例えば生鮮品の魚や野菜は不要で、調理のひと手間がかかる「刺し身」や「サラダ」は合格だ。

国際電話で始まった取引

試行錯誤が続き、1号店がオープンして4年となる1978年。大事件が起こる。パン製品や米飯製品を納入していた食品メーカーが食中毒トラブルを起こしたのだ。セブンイレブン向けの商品ではなかったが、この危機的状況がおにぎりの本格参入につながり、セブン―イレブン・ジャパンの経営を根本的に変えていく。

1978年6月の朝、血相を変えたセブンイレブンの役員が東京都小平市の日洋産業（後のわらべや日洋ホールディングス）に飛び込んでくる。約300店に育っていたコンビニが営業不能の危機に見舞われており、食中毒を起こしたメーカーに代わって「日洋産業のパン製品と（同社が運営する）わらべや本店の米飯製品を今日から納入してほしい」との要請だった。

日洋側も手いっぱいで、いったんは断る。しかしセブンイレブンの担当者は「引き受けてくれるまで帰らない」と社長室前に居座る。困った日洋の担当者は海外出張中の社長の大友太郎に指示を仰ぐ。大友は以前からセブンイレブンの成長力に注目していた。営業をかけた経緯もある。国際電話で「引き受けよう」と返答し、その日から取引が始まった。

もっともセブンイレブンとの取引はこれまでと勝手が違った。例えばパンメーカーなどへの受注・納入は一括で済むが、セブンイレブンは個々のフランチャイズ加盟店と直営店に納品するため、伝票処理の量が半端ではない。しかも通常の顧客向け業務もこなしているので、人手も具材も足りない。コロッケパンをハンバーグパンに置き換えて納品したり、取引先に応援を頼んだり、てんやわんやだった。しかし1カ月が過ぎると取引もスムーズになっていく。

セブンイレブンの50年史を振り返ると、この「極限状態」が最強の小売業への起点になったのは間違いない。食材の不足を背景とした多様な商品作り、煩雑な事務作業を効率化するためのコンピューターシステム導入などだ。当時のセブンイレブンの担当者は「食中毒トラブルの時に店に商品を供給できていなかったら、その後の当社の発展はなかった」と振り返る。

わらべや日洋との取引で多くの革新を生んだ象徴が「おにぎり」だろう。元々わらべや日洋はロードサイドに小型店を設け、おにぎりなどを売っていたものの、米飯類は家で作るものという固定観念がまだ根強く、店で購入する人は珍しかったという。それでもセブンイレブンがおにぎり販売に踏み出したのは、米国型ファストフードの売れ行きは芳しくないという事情も

セブンイレブンは「おにぎり」とともに成長してきた

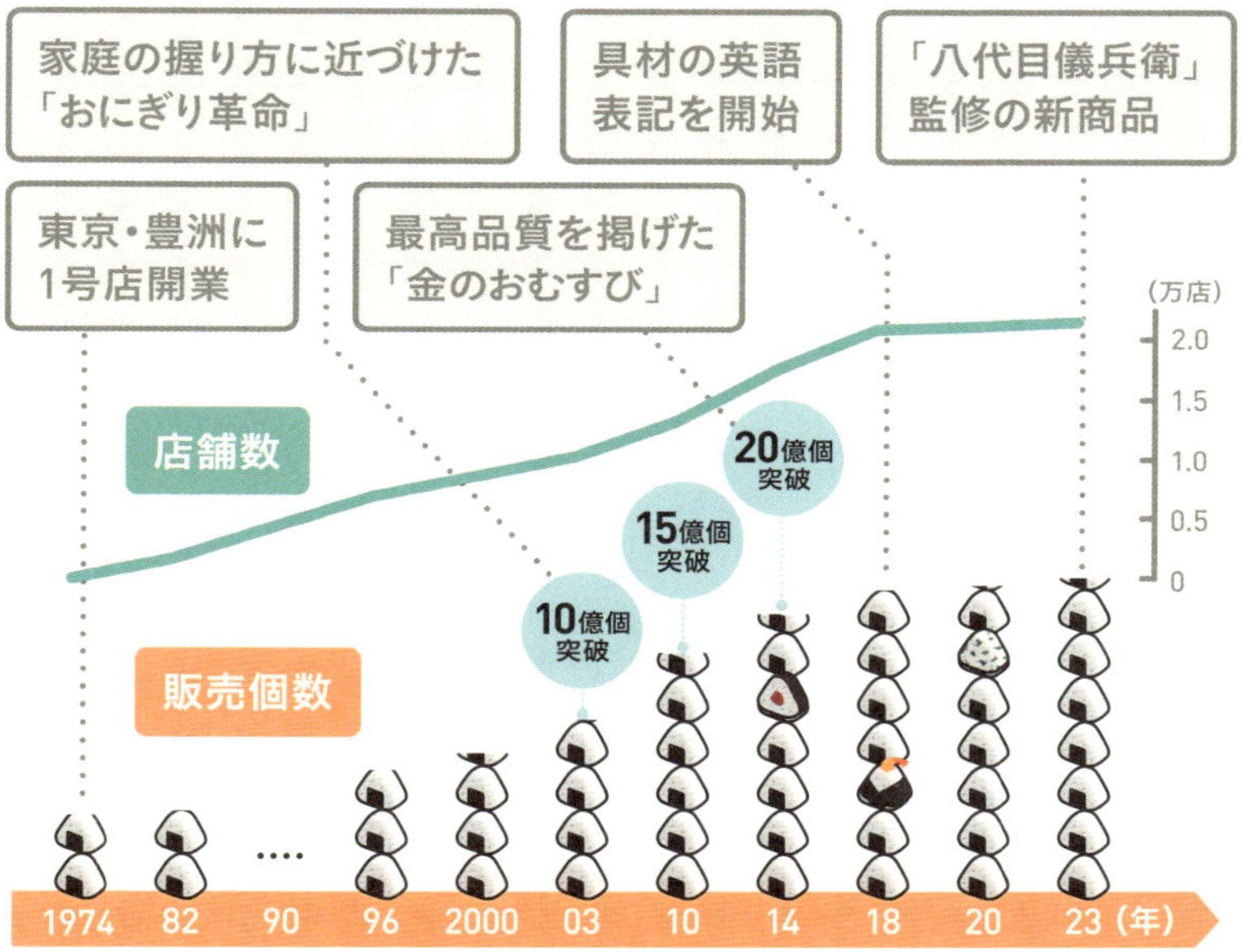

(注)おにぎり販売個数はセブン―イレブン・ジャパンの資料をもとに作成

あった。

今やおにぎりはセブンイレブンだけで年間21億個を販売し、売上高の5%程度を占める。コンビニ全体では30億個を超える規模になった。どんな形でおにぎりが進化したのか。そのことがセブンイレブンの経営基盤を固めることにつながる。

食卓の変化をセブンイレブンはとらえてきた

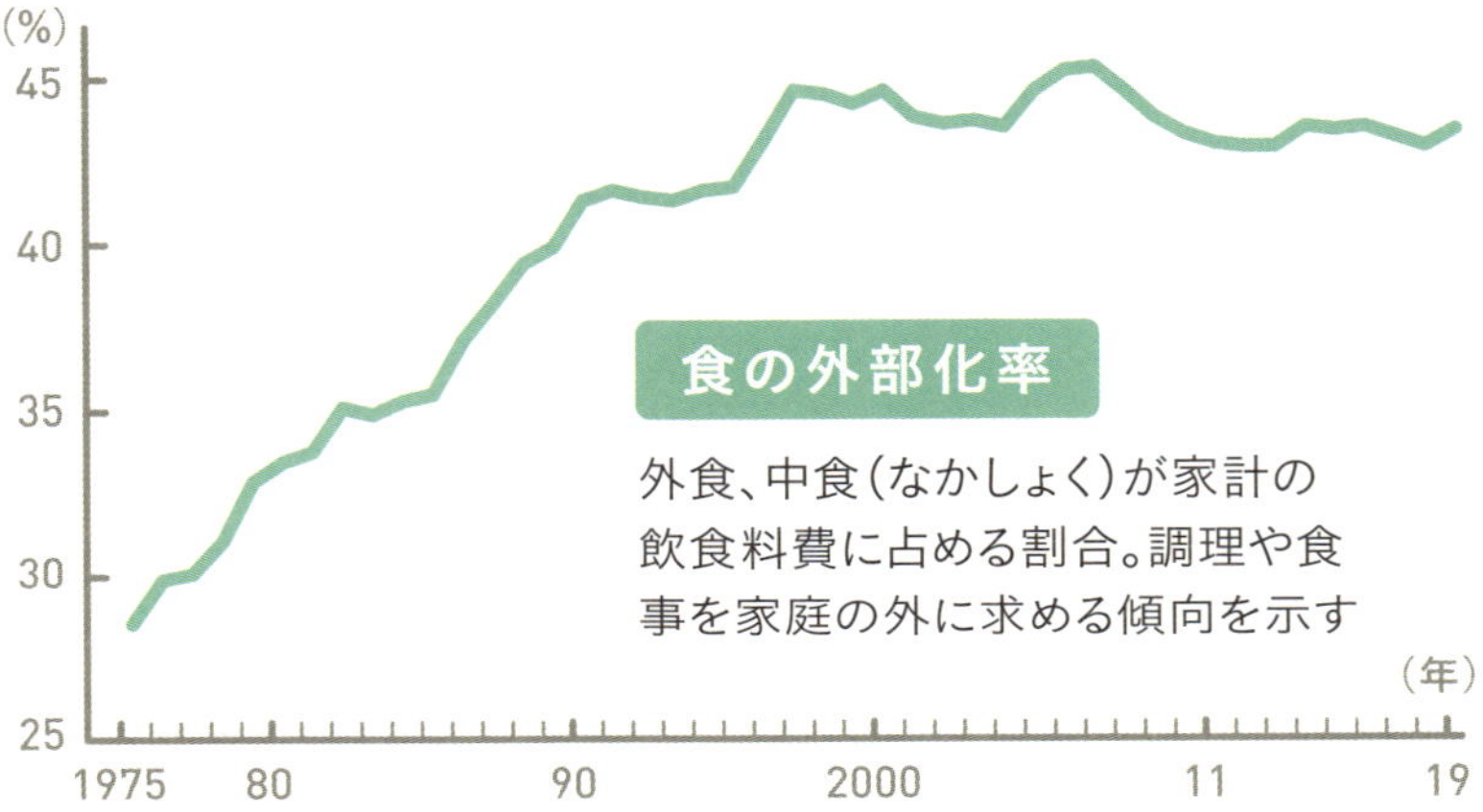

(注)農林水産省の資料などから作成、新型コロナウイルス禍では30%台に低下

多様化する社会の先兵……………

セブンが米飯やパンなどに参入した1978年(昭和53年)はどんな時代だったのか。当時は日本のみならず、世界でも経済・社会的に不安定感が増していた。それを象徴するように米国の経済学者ジョン・ケネス・ガルブレイスの著作『不確実性の時代』がベストセラーになる。「大きいことはいいことだ」という画一的な成長時代は終わりを告げ、派手なアイドルの「ピンク・レディー」が旋風を巻き起こし、マイコン(マイクロコンピューター)やスケートボードが流行した。

女性の自立が話題になり始めたのもこの頃だ。映画「結婚しない女」がプチヒット

「ブリトー」やシーチキンのおにぎりが創業期の看板商品だった

し、「ライフワーク」という言葉も広がり始めた。小売業ではダイエーがクレジット販売を始めたり、ノンブランド商品を発売したりと大型量販店の躍進を象徴し、2年後には年間売上高1兆円を超える。しかし社会の多様化とともに、コンビニが恐竜時代の哺乳類のように胎動していた。社会が多様化し、「お一人様」世帯が増えていく1970年代後半、おにぎりはまさにその先兵だった。

まずセブンイレブンが売り出したのは手巻きおにぎりだ。当時は商品分類に「米穀」はあっても、「米飯」はない。そもそも家庭で作るおにぎりや米飯の弁当を扱う考えがほとんどの小売店になかった。

だが鈴木は違った。「会社員が忙しくなり、駅でパンや駅弁を買う姿を見た。食生活の常識が変わってきている」と看破する。外食や総菜などの中食に生活の軸を置く「食の外部化」という流れだ。

ちなみに当時、セブンイレブンの売り場は野菜や果物、食パン、菓子パン、ソフトドリンク、加工食品、調味料、菓子類が中心で、綿菓子やポップコーンまで置き、「ミニ・イトーヨーカ堂」的だった。ファストフードではメキシコ生まれ、米国育ちのブリトー（小麦粉で作った生地で具材をくるんだもの）が店頭の顔だった。

手巻きタイプという新コンセプト

さてどんなおにぎりがいいのか？　直まきの家庭で作るようなおにぎりを理想としつつも、せっかくなら新しいコンセプトを考えてみたい。そこで発案したのが、パリッとした海苔《のり》をご飯にはりつける「手巻きタイプ」だ。海苔とご飯を分けた包装様式「パリッコフィルム」を開発し、家庭と違う独特の食感という「新しい体験」を提供したわけだ。

鈴木はこんな発言をしている。「おにぎりやお弁当は日本人の誰もが食べるものだからこそ、大きな潜在的需要が生まれる。良い材料を使い、徹底的に味を追求して、家庭でつくるものと差別化していけば、必ず支持される」

「おでんも、調理麺も、浅漬けなども同じ考えから生まれた。誰もが店の中に今ある商品ばかりに目を奪われるが、新しい需要は店の中ではなく外にあるものだ」。ライバルは主婦や主夫が作る「内食」だったわけで、共働き世帯が増えるとともに、コンビニが先導した「中食」時代の幕開けとなっていく。

その後もおにぎりは進化を続ける。さて、セブンイレブンで一番売れる味は何かと聞かれると「しゃけ」や「梅」、「昆布」と回答する人が多い。実は、長年トップに君臨するのは1983年発売の「ツナマヨネーズ」だ。若者向けを狙って、口溶けの良いマヨネーズを味の素に作ってもらい、新定番に育った。

赤くて丸くて、やたら目立つ

ツナマヨと並び、市場をつくったのが1996年発売の「赤飯おむすび」だろう。開発に携わったわらべや日洋の担当者によると、米飯の中でも容器入りの赤飯はなかなか売れなかった。鈴木敏文は試作の時から疑問を持っていた。どうも赤飯本来の味ではない。そこで担当者に作り方を聞いてみると、ごはんと同じように「炊いている」という。赤飯は本来蒸して作るもの。そこで鈴木は作り方の変更を指示する。

一つずつ形を整え、ゴマを振りかけて赤飯おにぎりはできあがる

それまでセブンイレブンの専用工場には蒸す設備がない。もちろん鈴木への言い訳にはならない。投資を伴う製造法への変更をためらわず求めた。以降も鈴木の「鶴の一声」で、販売撤回や作り直しのケースが数多く生まれた。この「カリスマ圧力」がおいしさの生命線になっていたのは間違いない。

赤飯についてわらべや日洋の担当者はもう一つ思い出がある。鈴木から「東京・神田においしい赤飯を売っている店がある」と言われ、おいしさの理由を求め、すぐに視察に向かったことだ。どんな風に作っているのか。実物を購入し、分析したものの、同じような赤飯はできない。

そこで機械メーカーの担当者を連れて行き、店外からどんな製造装置なのかを「盗み見」

した。その道のプロだけに機械の構造を把握し、自社開発できたという。もち米や蒸し方も変えて、おいしい赤飯ができたが、それでも売り上げは伸びなかった。上司から「今どき赤飯なんて売れないよ。売れたら裸で逆立ちしてやる」とまで言われる。

「ワンハンド（片手）で食べられるおにぎりにしてみるか」。赤飯のおにぎりは和菓子店などで売っているが、食品店ではあまり扱われていなかった。どうすれば売れるか——。おにぎり売り場には、ほぼ海苔の黒い色の三角形ばかりが並んでいる。そこで赤飯おにぎりは赤色を際立たせ、形状を丸くした。すると陳列棚でやたらと目立ち、あっという間に売れ始めたのだ。上司が裸で逆立ちしたかどうかは定かではないが、逆転の発想の「味×見栄え」が見事に奏功した。

「チームMD」で新商品を開発

おにぎりの開発プロセスから分かるように、セブンイレブンはまるで自動車メーカーのように取引先と共同で独自商品を開発・生産していく。この手法を「チームMD（マーチャンダイジング）」と呼ぶ。創業期こそダイエーやヨーカ堂のように卸から仕入れ、販売するモデルが主流だったが、次第にものづくりを主導するスタイルでスーパーとは一線を画した。後に自主

セブンイレブンが強い弁当・総菜類は、同社専門の協同組合が支える

日本デリカフーズ協同組合

（プライムデリカなど62社参加）

こんなメニューが売れ始めている！

単身世帯やシニア向けに味や量を変えよう！

おいしそうな盛り付け方、環境に配慮した容器はこれだ！

衛生面や専用の調理機器については任せて！

セブンイレブンとともに原材料メーカー、料理専門家、
各社の開発・品質管理の担当者、工場などが
知恵を結集

▼

製造工場 172拠点

温度帯別の共同配送センター 164拠点

▼

国内の約2万1500店へ

MDはユニクロやニトリホールディングスなどがSPA（製造小売り）として進化させ、流通ビジネスのあり方を大きく変えた。セブンイレブンモデルはその起点だったと言っていい。

チームMDの母体となるのが、取引先で構成する日本デリカフーズ協同組合（NDF）という団体だ。わらべや日洋の創業者、大友太郎が発起人としてメーカー各社に呼びかけて79年に発足した。いまや62社が参加するセブンイレブンの心臓部と呼べるような中核組織だが、当初はメーカー全体の衛生管理レベルを引き上げることを目的としていた。

というのも、当時は家族経営のような小規模な会社が多く、わらべや日洋のように研究所まで持って衛生管理に取り組むケースは珍しかった。仮に小さなメーカーが商品トラブルを起こせば、セブンイレブンや他のメーカーへの損害にもつながる。そこでわらべやが主導して各地のメーカーを訪問し、衛生・品質管理のノウハウを惜しみなく提供した。

現在のNDFは、様々な商品開発まで担当する。おにぎりであれば、各地のMM（マーケティングマーチャンダイジング）会議がその役割を担う。東京の場合、わらべや日洋、フジフーズ（東京・中央）、武蔵野（埼玉県朝霞市）など数社が参加し、新たなおにぎり商品を考え、作り込むといった具合だ。この開発・製造と出店ペースの歩調をそろえることが、セブンイレブンの競争力となり、今もライバルを圧倒しているのだ。

第3章

濃密すぎるセブンイレブン「食」経済圏

セブン―イレブン・ジャパンの強みの一つはおにぎり、弁当、パンなど日常的に食べる食品について原料の仕入れから関与し、品質とコストにこだわったことにある。コメ、のり、梅干し、小麦粉、そば粉、うどん粉……。小売りでありながら「バーチャルメーカー」のように行動し、コンビニ食文化を作ったと言っていい。

約6割がセブンイレブン向け

和歌山県みなべ町。日本一の梅の産地で、多くの生産農家や加工メーカーがひしめく。とりわけ「紀州南高梅」が有名で、果肉や皮が厚い最高級品だ。明治時代に高田貞楠が60本の梅を植えたところ、その中で優良品種を発見。これを母樹として地元で受け継がれ、「南高梅」ブランドとして広がっていった。

地元有力メーカーの一社が「南紀梅干」だ。みなべ町にある1000を超す農家のうち、木下農園など約300の農家から梅を仕入れ、コンビニエンスストアから百貨店向けまで幅広い取引先に向けて梅干しを製造する。その本社で社用車のナンバープレートを見ると「7―11」。主要取引先のセブン―イレブン・ジャパンに対する愛情が「だだ漏れ」している。

どれだけ関係が深いのか？　実はセブンイレブンのおにぎりで売れ筋上位の梅おにぎりの梅

を、ほぼ南紀梅干が供給しているのだ。イトーヨーカ堂などセブン&アイ・ホールディングス傘下の小売り各社にも梅干しを卸しており、売り上げの約60%がセブングループ向けというから驚く。

厳しさが導く成長のチャンス

セブンとの付き合いは1985年に遡る。セブンイレブンの担当者が梅干し商品の調査で訪れた際、南紀梅干の細川行広（現社長）は「これはチャンスだ」ととらえた。当時、セブンイレブンは3000店足らずで関西に店舗もなかった頃だが、きめ細かい供給体制に将来性を感じたからだ。「物流を制するものは世の中を制す。それを実践しているセブンはさらに大きくなる。いずれ関西にもやってくる」

まず梅干しの供給を始めながら、細川はおにぎりの具材向けに納入すべく動き出した。自社製の梅干し入りおにぎりを自ら作り、東京のセブンイレブン本部を回っていたという。

もっとも原材料の調達基準は厳しい。セブンイレブンの品質管理担当者が取引先工場にいつでも立ち入ることができるなど、多くの厳格な条件がある。さらにバイヤーが自信のある原材料を見つけても、セブンイレブンの社内で品質管理の壁にぶち当たり、却下されるケースも珍

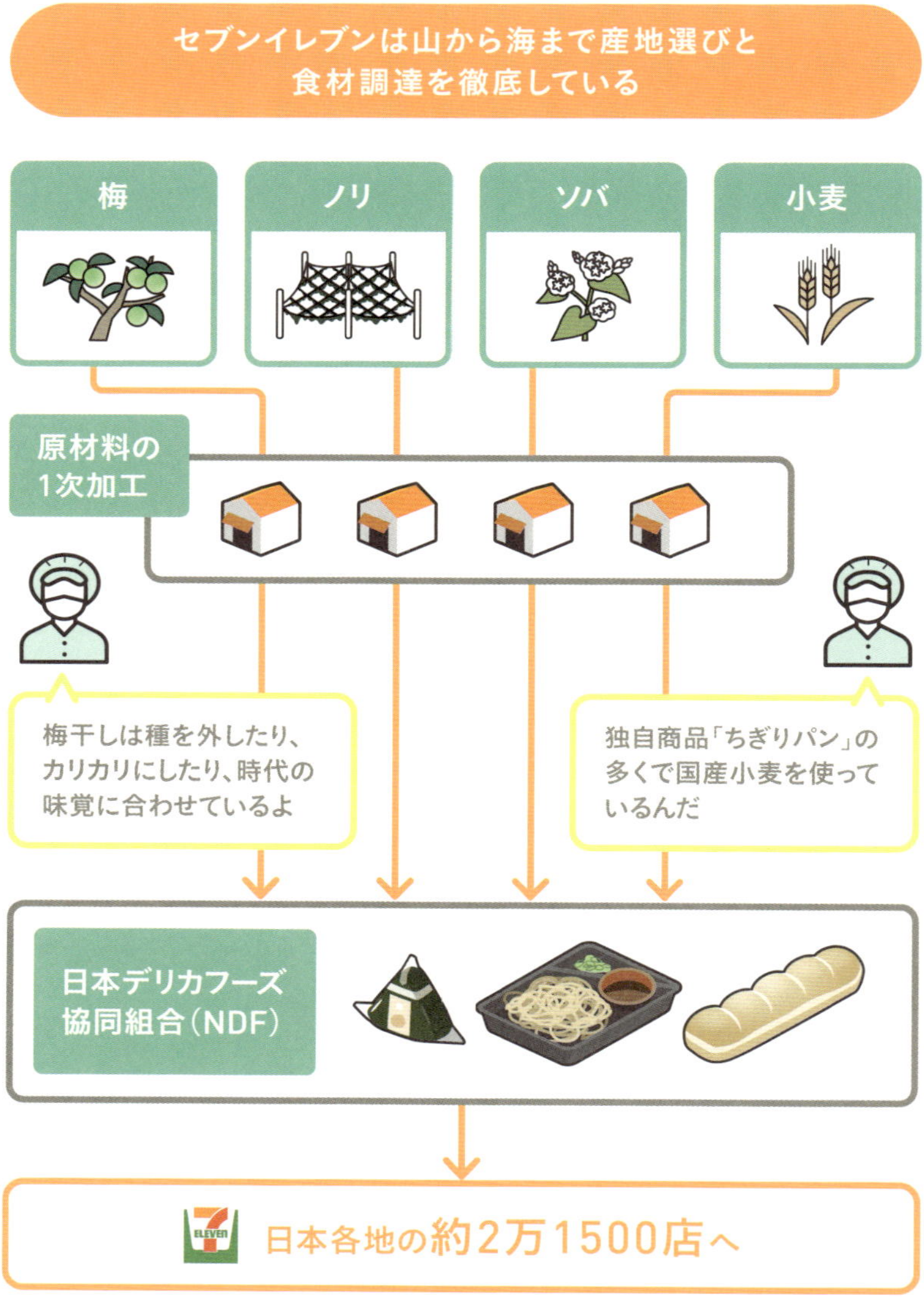
セブンイレブンは山から海まで産地選びと
食材調達を徹底している
梅
ノリ
ソバ
小麦
原材料の
1次加工
梅干しは種を外したり、
カリカリにしたり、時代の
味覚に合わせているよ
独自商品「ちぎりパン」の
多くで国産小麦を使って
いるんだ
日本デリカフーズ
協同組合（NDF）
日本各地の約2万1500店へ

南紀梅干は梅の収穫から梅干しの選定、梅肉加工など丁寧な作業を積み重ねる

しくない。

南紀梅干は基準を満たし、1990年代に入り、おにぎり向け梅干しの納入を決めた。しかし納入後も厳しい試練が待っていた。当初は梅干しを練り物にしておにぎりに入れたが、「食感が乏しい」として種抜きの梅干しを作ってほしいとの要請を受ける。この頃、種なしの梅干しおにぎりはなく、設備もない。そこで手作業で一つ一つ種を抜き、納めていた。

以降もカリカリした食感の梅干しなど、革新的な素材作りを求められるたび、苦心惨憺《さんたん》して作り上げた。革新的な商品にとどまらず、「お客様がさほど気にならないレベルまで変えていこうというのがセブン流」と話す細川は、今も取引関係の強化に余念がない。

「商売としてのけじめがあって、なれ合いがない。基準通りのことをやれば、約束は必ず守ってくれる」と話し、こうも言う。「セブンの厳しさのおかげで、どこにも負けない競争力をつけることができた。難題を解決すればするほど、チャンスが増える」。南紀梅干のある、みなべ町にセブンイレブンはない。そういう意味では「遠くて不便な」存在だが、長年にわたる両者の関係は実に濃い。

具材にとどまらず、おにぎりそのものも年々進化している。２０２３年には京都の老舗米屋にルーツをもつ八代目儀兵衛（京都市）が米を監修したおにぎりを売り出した。セブンが仕入れている約70種類の米からおにぎりに合うブレンドを八代目儀兵衛が考案し、米のうまみが逃げないように低温で精米するノウハウを提供している。最高経営責任者（ＣＥＯ）の橋本儀兵衛は「５％配合が変わると味が変わる。全国の工場で味がそろうように擦り合わせをした」と話す。

訪問から3カ月で届いた採用連絡

セブンイレブンは、まず今の消費ニーズをとらえ、どんなコンセプトの商品を作るかを考え、それに応じた原材料などを選び抜き、仕入れていく。時には世に知られていない原材料を見つけだし、採用するケースもある。

イカリファームの井狩代表が試みた独自の品質改良がセブンイレブンの耳に入った

滋賀県近江八幡市で小麦などを栽培するイカリファーム。日本で流通する小麦の大半は輸入ものだが、地元の製パン会社から「学校給食向けに滋賀県の小麦で作りたい」と相談を受け、小麦作りに乗り出した。

小麦栽培は簡単ではなく、中でもパンに使う強力粉用の小麦は品質を安定させるのが至難の業だ。イカリファーム代表の井狩篤士は小麦の「ゆめちから」や「ミナミノカオリ」などを試行錯誤しながら、繰り返し改良して実現した。

こうした取り組みについて井狩が数年前に関西の大学で講演すると、聴講者の一人に偶然、セブンイレブン向けの総菜などを作るメーカーの社長の娘がいた。帰宅して講演内容を話したところ、興味を持った父親がイカリファームを訪ねてきた。

セブンイレブン向けに使われるノリの収穫や加工の流れ

父親はそこで技術レベルの高さに驚き、セブンイレブンの担当者に「イカリと取引しないと損をするよ」と助言した。セブンイレブンがさっそくイカリの小麦を製粉したものを調べてみると、その通りだった。「3カ月後にはセブンから採用の連絡が来た」(井狩代表)

2022年にはセブンイレブンの2種類のコッペパンで採用された。2024年も人気商品「ちぎりパン」にイカリが栽培し、昭和産業が製粉した「近江金色」が使われている。セブンイレブンは近年、地域ごとの食への対応を強化しており、関西エリアの2000店以上で「イカリ小麦」の商品が広がっている。

もっとも、取引が一度成功したからといって、調達の継続が保証されているわけではない。井狩はセブンイレブンの動向や反応を注視しながら、さらなる品質改良に取り組む。

チェーン全店の売上高で5兆円を超え、食品だけで4兆円近くを売り上げるセブンイレブン。その競争力は、足元の消費者ニーズを貪欲につかみ、原材料の段階から徹底的に掘り起こし、精査を続ける厳しさに根ざしている。近くて便利なコンビニ経済圏は、人々が身を「粉」にして働いてきた歴史の上で成り立っているのだ。

第4章

PB開発とアリアケジャパンの「プロジェクトX」

セブン―イレブン・ジャパンがコンビニエンスストアとして成長できると自信を持ったのはいつだったか？　今でこそ2万店を超えるが、わずか100店を達成したころが成長へひた走る転換点だったという。

1976年6月、ホテルニューオータニで催した「セブン―イレブン・コンビニエンスストア100店開店記念」の式典。（セブンイレブンを運営する）米サウスランド社の会長も来日し、こうあいさつした。「アメリカで100店をオープンするのに、25年かかった。日本では2年でこれをやり遂げた」と。コンビニを持ち込んだ旗振り役の専務（当時）、鈴木敏文はスピーチに立つと感極まって涙を浮かべた。

世の中にないものをつくり上げる苦しみは計り知れない。サウスランド社との厳しい交渉、人生をかけたフランチャイズ店舗のオーナーたち、事業失敗の恐怖、歯を食いしばって店づくりに奔走した仲間……。さまざまな思いが頭をよぎったのだろう。

100店が証明できた「仮説」

1974年に東京・豊洲に1号店を出し、酒販店を中心に加盟を募集しても、二の足を踏む店主は多かった。他の小売店と違いを示す決め球もまだなく、取引先は恐る恐る付き合う。それでも大型店と共存し、便利さを求める消費者に応えるのはコンビニだという「仮説」の証明に執念を燃やし、オーナー・取引先とも賛同者を増やしていった。

日本のセブンイレブンは会社設立から２年６カ月、１号店オープンから２年で１００店を達成する。まさに１００店は仮説の正しさを証明する閾《いき》値だったわけだ。

その４年半後に１０００店を達成したとき、鈴木の目に浮かんだのは涙ではなく、確信だった。セブンのオリジナル商品を作るわらべや日洋を筆頭とした専用工場、全国に展開する物流体制と情報システム。これによりアイテムごとに販売・発注・仕入れ・在庫などを管理する単品管理システムを武器にコンビニは成長軌道に乗る。１９９３年に５０００店、２００３年には１万店の大台を突破した。

若者から中高年に移った客層

ところが２０００年代、コンビニ業界は「魔の10年」といわれる停滞期にぶつかった。日本フランチャイズチェーン協会によると、２０００～２００７年まで既存店の年間売上高は８年連続で前年実績を割った。２００８年は、たばこ自動販売機の成人識別カード「ｔａｓｐｏ（タスポ）」導入の余波でコンビニに喫煙客が流れ、既存店は一時的に回復したが２００９、

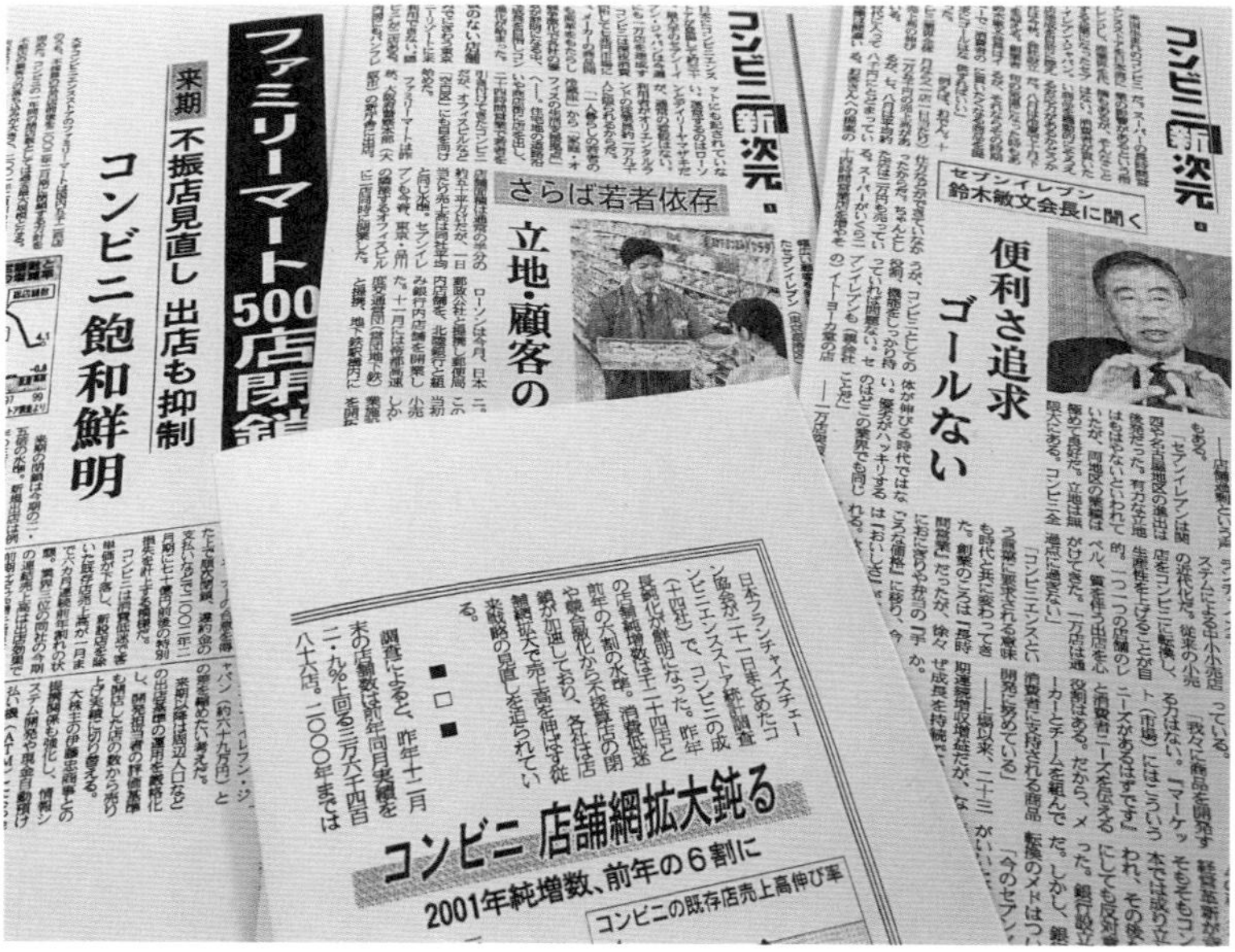

2001～03年にコンビニの成長鈍化を伝える日本経済新聞の記事

2010年と再び減収基調に転じた。

この時期の新聞記事は「コンビニ 成長鈍化」「店舗網拡大鈍る」など、当時の百貨店などと同じ成熟産業のように扱っている。セブン－イレブン・ジャパン会長となった鈴木は、03年の社史でこんな檄《げき》を飛ばした。「マンネリズムに対する危機意識がまだまだ欠けている」「私が最も気にかけていることのひとつに、創業時のメンバーが共有していた危機感が薄れている現実がある」。社史のインタビューとしては異例だ。

2006年の日本経済新聞には「成長神話は終わったのか？」と鈴木に問う記事が載っている。同氏は

セブンイレブンの客層は若者から中高年メインに変わった

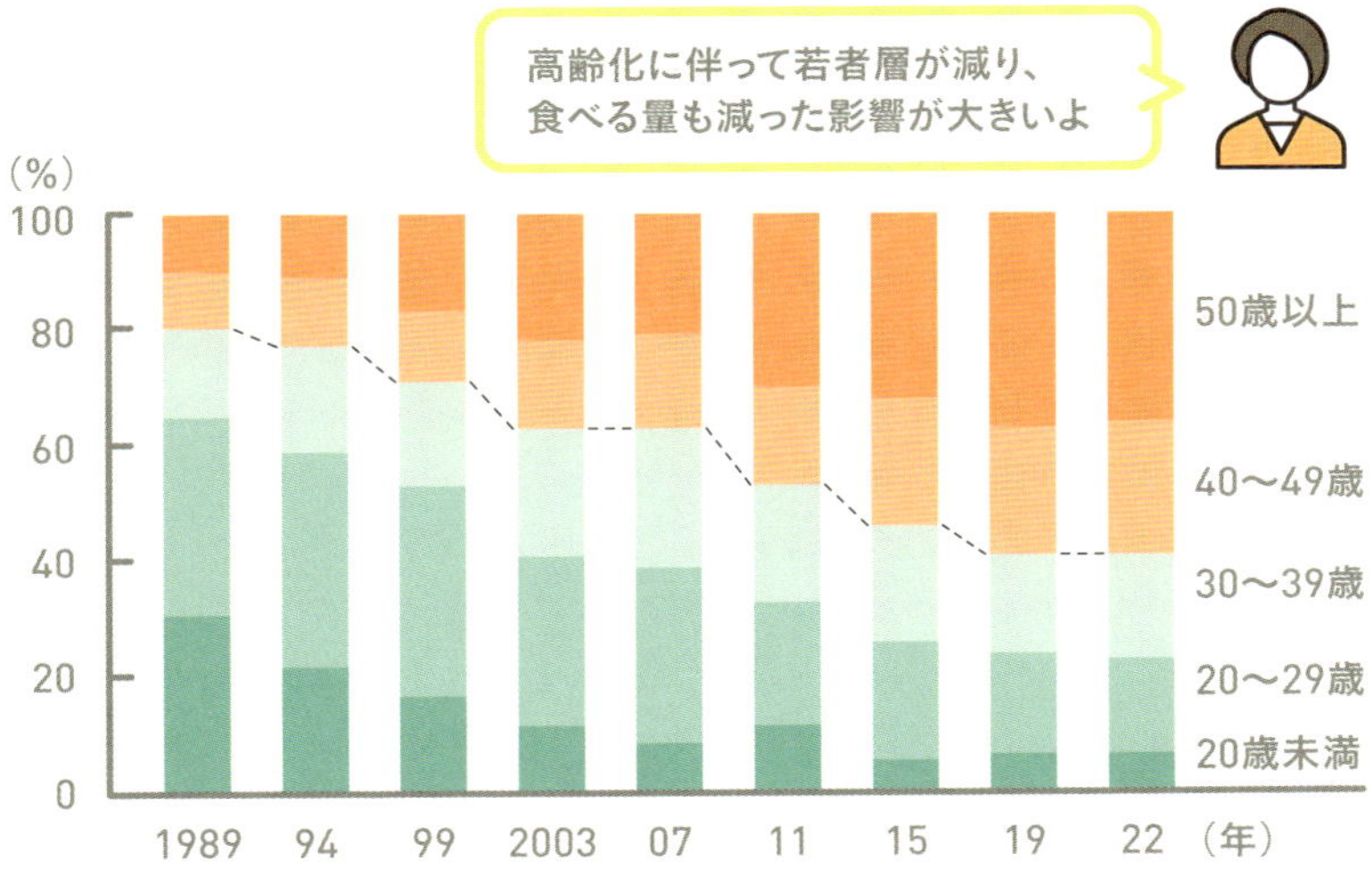

こう答えていた。「食べ盛りの若者が減り、食べる量が少ない高齢者が増えているため、『食』を売る企業はスーパーもファミリーレストランも売り上げを落としている」

確かにセブンイレブンの客層は変わっていた。1980年代まで10～20代が60%を超え、50歳以上は10%程度だ。それが2000年代には10～20代が半数を割り、40代以上が増えていく。ちなみに2022年は、50代以上が36%と10～20代を大きく上回っている。

鈴木はこうした人口動態の変化を嗅ぎ取っていた。「過渡期にさしかかっているのは事実だが、商品やサービスを見直せばまだまだ成長できる」「経営の実が問われる局面に入った」。成功体験に縛られず、「変化対応」をキーワードにしたイノベーションが動き出す。その象徴が２００７年発売のプライベートブランド（ＰＢ）、セブンプレミアムだ。

手探りで始まったＰＢ開発

自社で商品を企画開発するＰＢは手探りから始まった。当時はデフレが進み、セブン＆アイ・ホールディングス全体で低価格戦略が求められていた。グループのスーパー、ヨークベニマル社長（当時）の大髙善興は「価格競争が厳しい。我々にもＰＢが必要だ」と低価格路線を提案した。しかしセブン＆アイを率いる鈴木の考えは違った。あくまで質を優先し、安売りしないことを開発の条件とした。

それまで、セブンイレブンのオリジナル商品はおにぎり、麺類などのデイリー商品を中小の総菜メーカーを中心とする日本デリカフーズ協同組合（ＮＤＦ）が担ってきた。全国のグループ店舗で販売するＰＢとなると、ＮＤＦだけでは対応しきれない。

そこで大手食品メーカーに開発を持ちかけたが、当初は消極的な企業が多かった。大手は長年築いてきた自前のナショナルブランド（ＮＢ）を重視しており、コンビニ中心のＰＢに将来

PB商品「セブンプレミアム」を発表するセブン&アイグループの経営陣
（左から2人目が大髙氏、2007年5月）

性をあまり感じなかったからだ。

「正直あまりやりたくない」。食肉加工最大手、日本ハムの社内もそんな空気に包まれていた。セブンからピザトーストのPBの依頼が来ると、品質を優先して高めの値段で提案した。明らかに同業他社より割高で、商品コンペに勝つ気などまったくなかった。

ところが日本ハムはセブンの指名を受ける。「安売りではなく、いいものの価値を伝えるPBなのか。それなら前向きに取り組もう」。日本ハムがこだわりのピザトーストを開発すると、見事にヒットした。デフレ下なのに、品質を優先するセブンPBの成功は小売業のあり方に影響を与えたと言っていい。セブンPB

セブンプレミアムは年間1兆5000億円ほどの
売上高に育った

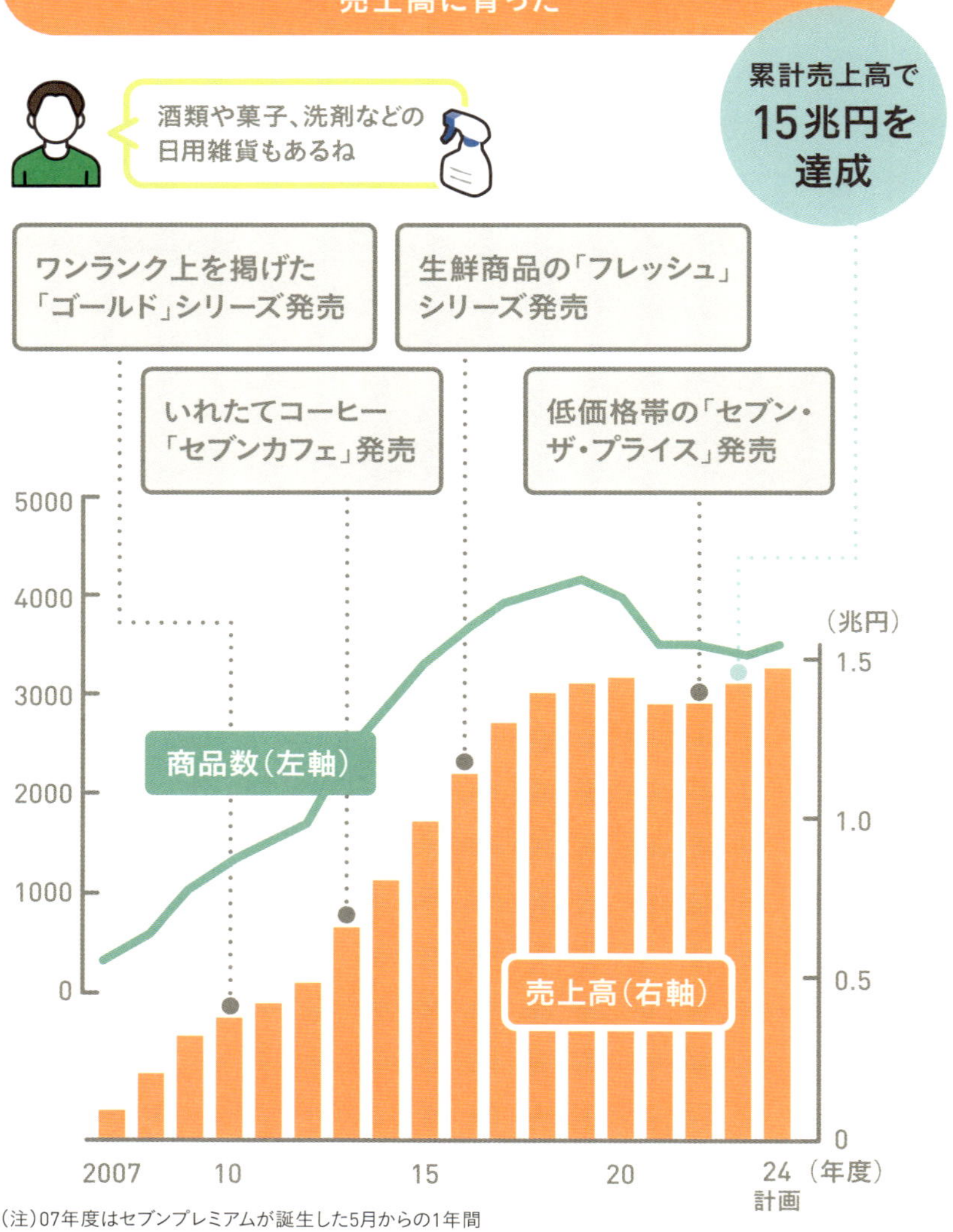

(注)07年度はセブンプレミアムが誕生した5月からの1年間

の登場以降、消費者の低価格志向に対応するのか、品質を打ち出すのか、小売業としての姿勢が問われるようになった。

食卓の「主役級」も登場

このころ、小売業界では「2強」という言葉が広がっていた。ダイエーやマイカル、地方スーパーをM&A（合併・買収）で飲み込み、規模のメリットで覇を唱えるイオンと、そごう・西武を買収して総合型生活産業を掲げるセブンのことだが、両者は対照的だった。PBでも両陣営は違いを見せた。割安感を打ち出すイオンに対してセブンは2010年、品質に磨きをかけたシリーズ「セブンプレミアム ゴールド」を投入する。

ビーフカレー、ビーフシチュー、豚角煮、銀だら西京焼きなど食卓の主役級をPBで打ち出したのだ。ハンバーグの開発は日本ハムにお鉢が回ってきた。再び社内は戸惑った。「ハンバーグの既製品は弁当や子供のランチ向けだ。プレミアムゾーンなんて存在するのか」。長年の常識が立ちはだかった。

しかしセブンの鈴木は一貫していた。「いいハンバーグがいるんだ」

発売した「金のハンバーグ」は見事に当たり、日本ハムも「セブンは夕食のおいしいハンバー

セブンプレミアムゴールドは食卓の主役級のおかずを打ち出した

日本ハムは「金のハンバーグ」のリニューアルにまい進してきた

初代
（2010年9月）
ジューシーな牛肉と豚肉と自家製デミグラスソース

5代目
（2015年3月）
フォンドボーを使ったデミグラスソース

8代目
（2018年5月）
黒トリュフ使用

12代目
（2022年5月）
牛肉のうま味溢れる

14代目
（2024年7月）
直火で焼いた香ばしさ

グ市場をつくった」と認める結果になった。さらにヒットしても、それだけでは済まない。

「おいしいものほど、飽きられる」。鈴木が唱え続けた言葉は、今も有力メーカーにのしかかる。日本ハムは毎年のようにリニューアルに取り組み、2024年7月発売の14代目ではなんとソースにフランス・ボルドー産ワインを加えている。

コンビニエンスストアにとって「魔の10年」と呼ばれ、成長の壁にぶつかった2000年代。それは育ち盛りの若者客を中心につくり上げてきた従来型モデルの限界であると同時に、新しい消費が生まれつつある胎動の時期でもあったと言える。その転換を象徴するようにセブン－イレブン・ジャパンのキャッチフレーズも様変わりした。深夜や緊急時の利用をイメージする「開いててよかった」から、より生活者の日常的な利便性を重視する「近くて便利」へのシフトだ。

「食のインテル」表舞台へ

セブンイレブンを軸にしたグループのPB商品「セブンプレミアム」はこの流れを実践し、コンビニ再成長の起爆剤となる。セブンプレミアムには日本ハムや味の素、日清食品などPBに関心の薄かった大手食品メーカーが参加し、PB＝低価格というイメージを変え、新たな「コンビニ経済圏」を育んだ。同時に、これまで表舞台に出てこなかった実力企業の能力が再

セブンプレミアムの開発はグループ各社と取引先の力を結集する

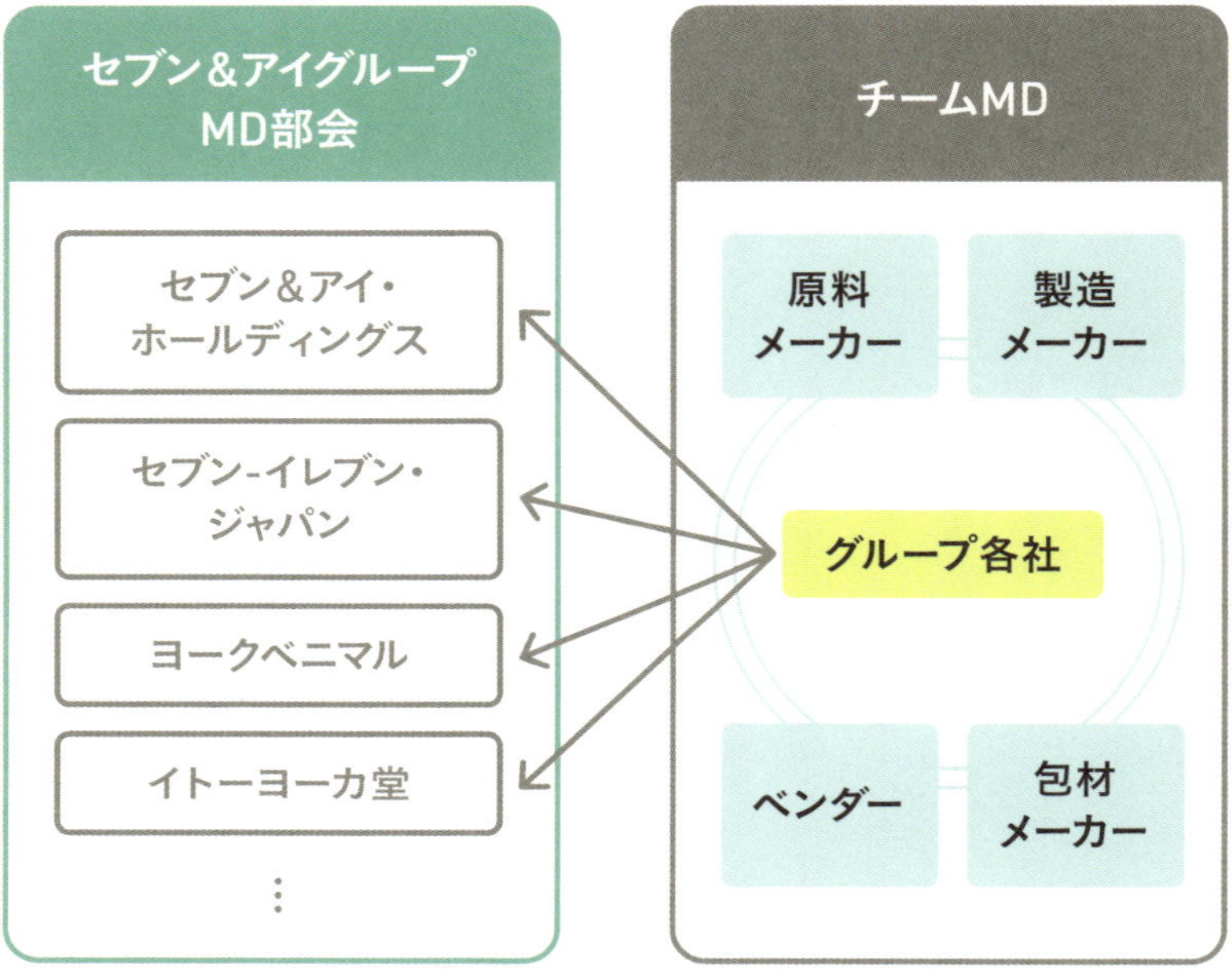

MDは商品政策・商品化計画を意味するマーチャンダイジングの略だよ。ここが司令塔だね。

取引先の知見を集めて新商品などを企画するのよ。ベンダーはセブンイレブン専用工場を持つ企業などね。

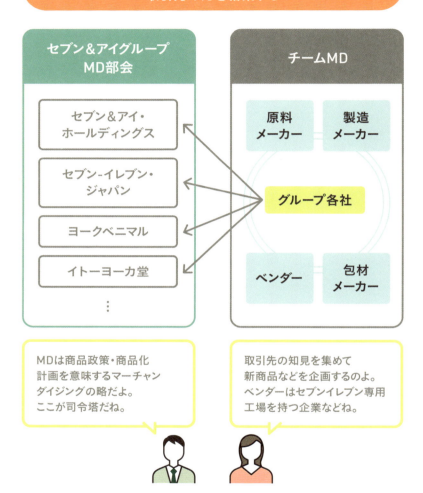

評価され、新たな成長機会をつかむことになる。

代表的な企業の一つがアリアケジャパンだ。料理のだしやソースのベースとなるブイヨン、コンソメなど味の基本となる調味料を手がけるメーカーで、主に食品メーカーや外食企業に製品を供給している。「食のインテル」との異名をとるぐらいだ。

ある時、アリアケの工場で具入りスープの充塡ラインを見学したセブンイレブンの担当者がその高い生産レベルを評価し、「西日本向けの『セブンプレミアム』の肉じゃが」を作ってもらえないかと打診した。

アリアケは試作に着手する。できあがりの評判は良かったが、和風だしにしょうゆと砂糖で味付けをするだけの「肉じゃが」ではアリアケの強みを生かせないと感じていた。セブンイレブンからの注文を断ったところ、「ではどんなメニューなら生かせるのか」と問われた。そこで「ビーフシチューなら」と答えたところ、セブンイレブンは即座に試作を依頼したのだ。

吹き飛んだ売価500円のライン

なぜセブンイレブンはアリアケとの取引にこだわったのか。そこにはセブン&アイ・ホールディングスを率いていた鈴木敏文らによる、PBに対する発想の転換があった。「食のポジショ

様々なソースの味を決めるフォン（だし汁）の抽出設備はアリアケの強みの一つだ

ンをどう確立すべきか」。和洋中の食のプロと話していくうち、たどり着いた結論は「ブイヨンやだしなどを使い、味のレベルを上げる」ことだ。実現に向けて白羽の矢が立ったのがアリアケだった。

2010年2月、ビーフシチューの試作品を作り上げ、セブングループの試食会でも好評を得た。そして想定価格を尋ねられた。この品質ならば、ホテルや専門店で2000〜3000円以上、百貨店の食品売り場だと1000〜1500円で売られている。

「名店の半額以下となる650円」と返答したが、さすがにコンビニ中心のPBとしては高すぎる。セブンイレブンの担当者からは「（通常のPBより高価格帯の）セブンプレミアムゴールドで500円なら、企画を通せそうだ」と報告を受けた。

ぎりぎりの価格設定だが品質を守れるとアリアケ側は判断し、改良作業を重ねていった。セブングループの最終的な役員試食会でも評判は上々だ。ところが当時のセブン―イレブン社長の井阪隆一から思いがけない注文が付く。「長く売れ続けることを考えると、売価は398円だろう」。アリアケの担当者はあぜんとした。想定した利益がほぼ吹き飛んでしまう。

アリアケジャパンの岡田氏はセブンPBに大きな可能性を見いだしていた

「1300メートルの企業広告」にゴーサイン

果たしてアリアケ社内で398円が決裁されるのか？　担当者は意を決し、創業者で社長の岡田甲子男（現相談役）へ説得を始めた。「次の成長をつかむ絶好の機会です。何と言っても最終製品を作ることで、アリアケの名前が世に広がります。1万3000店のセブンイレブンに当社の名前がついた横幅10

センチメートルのＰＢが並ぶんです。つまり常時１３００メートルの企業広告が実現できるわけです」

１品の利益想定額は落ちても、ソースだけの納入に比べて売上高は６〜７倍になる。岡田はそうした計算も踏まえてゴーサインを出し、同年９月から「セブンプレミアムゴールド　金のビーフシチュー」の出荷が始まった。

実は岡田はＰＢ取引参入の条件として「月間５万食以上は売ってくれ。しかしそれ以上は売るな」と社内に厳命していた。当初、工場の生産能力に限界があったからだ。もっともビーフシチューの需要は想定を大きく上回り、20万食にも達していく。

ダメ出しと試作は続く

めでたし、めでたしと言いたいところだが、発売３年後に想定外の逆風に見舞われる。２０１３年末、セブングループの役員試食会でのことだ。セブン＆アイの鈴木から「ビーフシチューの肉はうま味が欠け、硬いね」とダメ出しが出た。

決まったレシピ通りにつくっているが、鈴木が納得しない以上、現状のままで販売継続は認められない。セブングループは数千万円をかけて店頭から商品を回収し、ビーフシチューのつくり直しをアリアケに要請した。

「お客様が納得していない以上、なんとかしなければ」。岡田は毛筆で鈴木へ謝罪の手紙を送り、自らも工場に乗り込んで改良作業に取り組んだ。ポイントは肉をどう柔らかくするか。煮込む前にあえて肉を焼き、肉汁が漏れ出ないようにしたり、ソースの味を変えたり、正月返上を決めて試作を繰り返した。

セブン側では鈴木が「ラスボス（最後の大物）」だが、その前に井阪の壁も立ちはだかった。12月31日に試作品を持っていくと、井阪から「もっとおいしくできますね」と言われてしまう。年が明け、２０１４年1月10日の試食会でも「ソースの濃厚さが不足している」と指摘される。そして同月28日、ようやくＯＫが出て、3月の再販売にこぎ着けた。

数々の「ミニ・プロジェクトX」

新しい味覚作りのために、アリアケの岡田たちはビーフシチューの名店を次々と回った。一時は諦めそうになるほど追い込まれたが、「おかげで技術力が相当上がった」。月間5万食だった当初の想定から、ピーク時には１００万食を超える大ヒット商品にまでなった。

２０１４年5月のセブングループによる取引先を集めた総会の会場で、アリアケのメンバー

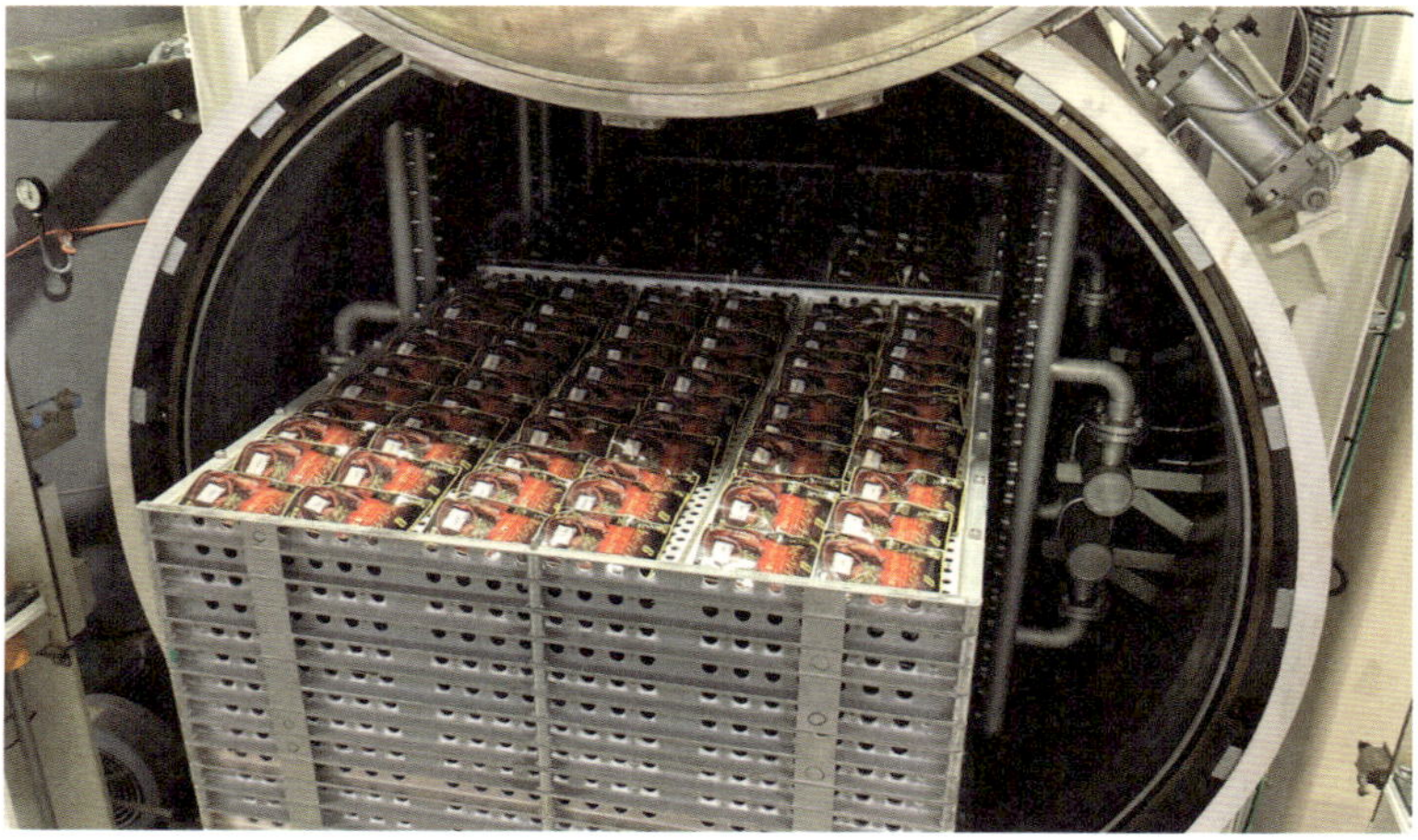

「金のビーフシチュー」は大ヒット商品に育った（アリアケジャパンの生産ライン）

は鈴木のもとへあいさつに赴いた。「鈴木さん、笑ってくれたね」と岡田は振り返る。アリアケは現在、他のコンビニのPBも手がけ、年間売上高600億円弱にまで成長している。

かつてセブンイレブンはNHKのドキュメンタリー番組「プロジェクトX」で「日米逆転！コンビニを作った素人たち」とのタイトルで取り上げられた。実際にセブンイレブンの歴史には、アリアケのような関係先の挑戦物語「ミニ・プロジェクトX」が数多く重なっている。

逆境、試練と克服を繰り返して進化を遂げる――。金のビーフシチューのような「濃い」関係の積み重ねが、日本のセブンイレブンによる米国本社の買収という逆転劇につながっているのは間違いない。

第5章

セブンカフェ、敗者復活戦が生んだ80億杯

新しいライフスタイルをつくり上げたコンビニエンスストア。1990年代まではおにぎりや弁当などそれまで家で作るような食品を販売したり、ティッシュなどうっかり切らしてしまったものの緊急需要だったり、まさに便利さの提供に価値があった。

しかしコンビニ業界が成熟するにつれ、中身は変わっていく。例えばスイーツだ。街の洋菓子店で扱うようなケーキを手軽に買えるようにし、自販機で手軽に買えるコーヒーをひきたてで提供するなど、嗜好品にまで細かく手を伸ばしてきた。あらゆる生活領域をすべてコンビニで請け負っていく、そんな野心が市場を広げたと言っていい。

失敗を繰り返したマシン開発

その代表が「セブンカフェ」だ。嗜好品として毎日のように飲むコーヒーは、コンビニにとって来店を誘発でき、売り場の柱にしたい。簡単そうにみえるが、商品開発にたけたセブン―イレブン・ジャパンにとっても失敗の連続だった。

まず1975年にスタートしたのは、家庭のコーヒーマシンのように保温しておく「デキャンタストーブ式」だ。しかしコーヒーを入れた直後から酸化してしまい、味が落ちてしまう。

1998年には1杯ずつコーヒーを入れるカートリッジ式を採用した。それでもひきたての

「セブンカフェ」は改良を重ね、累計80億杯を達成した

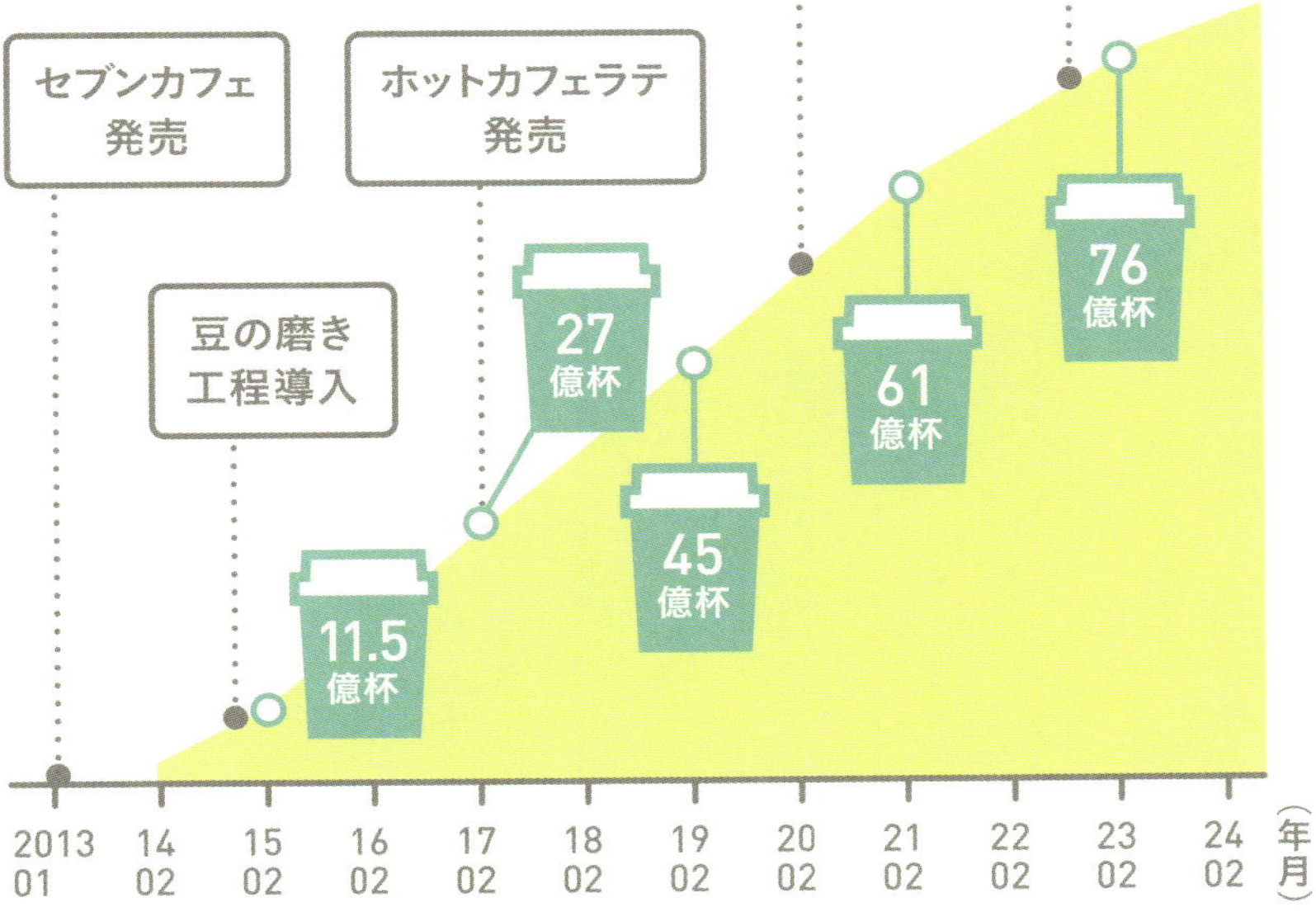
商品とともに、店が扱いやすいマシンへと進化を重ねたよ
高級ブレンド発売
3通りの選べる味わい導入

味が出せず、断念する。さらに２００１年、圧力で抽出するエスプレッソ式を試したが、日本の消費者は「ろ過抽出」のドリップ式を好む傾向が強く、販売が伸びなかった。

諦めてもいいような状況だが、セブンイレブンは執念深い。とりわけ２０１０年代には切実な事情も生まれていた。たばこだ。たばこ自動販売機の成人識別カード「ｔａｓｐｏ（タスポ）」の２００８年導入に伴い、手軽に買えるコンビニの集客数は増え、成長の壁に当たっていたコンビニ業界は一時的に活気を取り戻す。

しかし長期的に見れば喫煙者は減少する見込みで、たばこに代わる嗜好品の集客装置が必要だ。そこでコーヒーを何としても育てようと試行錯誤を繰り返した。コーヒー作りでヒントになったのが「おでん」だった。おでんに欠かせない「だし」は日本の軟水を使うと最もおいしく仕上がる。そこで「コーヒーも軟水文化に適した淹《い》れ方を採用し、日本人の味覚になじむコーヒーを作る」という結論に達した。

コンペで負けても改善やめず

そしてコーヒーマシンの開発も欠かせない。セブンイレブンが考えたのが、高速道路のサービスエリアなどにあるドリップマシンをもとにした、店内に設置できる小型マシンだ。店内ショーケースなどで取引のあるサンデンに依頼しようとすると、味の素AGFからレギュラーコーヒーの自動販売機を手がける富士電機を勧められる。そこでコンペが始まった。

当初、富士電機側は「そもそもコンビニでコーヒーなんて売れるの？　しかもセルフ方式で」と懐疑的だった。セブンイレブンから担当者3人が来訪し、1杯ずつ取り出し、カウンターに置けるサイズの機械を求めた。試作品も作り、味も合格だったが、セブンイレブンは取引実績のあるサンデンへ発注を決めた。

普通はこれでゲームオーバーだ。しかし富士電機は自販機最大手の意地もあり、諦めない。「もっとおいしいものができる」。再びAGFの協力を仰ぎ、再トライした。攪拌《かくはん》の仕方、豆の蒸らし方など様々な工程を改善し、「手淹《い》れの味を実現できる」マシンに改良したのだ。AGFにはコーヒー鑑定士がおり、富士電機のコーヒーを逐次評価できた。そしてセブンイレブンに再び提案した。

富士電機が開発した
初代のセブンカフェ用マシン

実はセブンイレブンの担当者にも「コーヒー通」が存在した。富士電機

顧客が自ら操作し、従業員も手入れがしやすい設計を探った

のマシンで試飲してみると「手淹れの味の再現性が高い」と驚く。これが決め手となり、富士電機が敗者復活戦からの逆転劇で採用されたのだ。

ユーザー視点の開発に開眼……………

もっとも発売当初の出足は鈍かった。東京郊外で20台程度を先行導入したが、認知度が低く、1日20杯程度しか売れない。そこで北海道の店舗で1000台導入してみると平均50杯に増えた。北海道は地域で統一して販促できる点が奏功したという。

そして導入を九州に広げ、2013年から「セブンカフェ」として全国展開を始める。セブンイレブンは当時でも、約1万5千店あった。マシンの製造現場もフル回転だが、各店舗が使い方やメンテナンスを習得する必要がある。そこで通常の自販機と違って、アルバイトの学生でも簡単に扱えるマシンを目指した。

「初物」だけにトラブルは尽きない。「コーヒーの粉が詰まる」「かすの捨て方が分からない」など店からの問い合わせや意見を1つずつ聞き、マシンの改善を進めた。とてつもなく手間のかかる仕事だが、富士電機にとってビジネスを進化させる起点になったのは間違いない。

同社の社内報でカスタマー担当者がこんなことを語っている。「業界の見方や常識など通用しない。おかげでユーザーの立場に立ったものづくりを考えることができた」

スムージー、釣り銭機へ広がった事業領域

ユーザーの立場。まさにセブンイレブンの生みの親、セブン&アイ・ホールディングス名誉顧問の鈴木敏文が好む言葉だ。「顧客のため」という言葉は売り手・作り手側からの発想に基づく。例えばテレビのリモコンのように、顧客に良かれと思い、数え切れないくらいの多機能ボタンを付けると、逆に顧客には使いづらいモノになってしまう。

顧客の立場とは、あくまで利用者の視点で商品サービスを考えぬくことだ。セブンカフェのセルフ方式は一見、利用客には面倒だが、実は心理的に気軽。というのもレジ待ちの後ろに並

最新マシンは好みの濃さなどを選べる

ぶ人を気にしなくて済むからだ。

ちなみにセブンカフェのデザインを巡るエピソードも面白い。当時、セブン―イレブン・ジャパンのアートディレクターを務めていた佐藤可士和は富士電機の当初案に難色を示し、再提案を求めた。コンセプトは厨房機器のように清潔感があり、シンプルであることだ。

富士電機のデザイン担当者は「自販機らしくないマシンを佐藤さんが望んでいる」と理解し、カップを置くステージを立体的に、手前へ突き出すデザインを示した。佐藤は「わが意を得たり」とGOサインを出した。買いたくなるデザイン、それは「おいしい」気分も足してくれる。

おかげで発売10年を過ぎても、富士電機はセブンカフェのマシンを請け負っている。それどころか、店内ショーケースや自動釣り銭機、スムージーのマシンなど事業領域の拡大につながった。そして何より消費者との接点が増え、企業ブランドの認知度も高まった。双方のウィンウィンがコンビニの「富士山」としてのセブンイレブンを成り立たせている。

ドーナツのリベンジは「カレーパン流」で

1990年代以降、日本でよく使われるようになった言葉の一つが「リベンジ」ではないだろうか。仕返しや復讐《ふくしゅう》のニュアンスで、リベンジが大きく取り上げられたのが格闘技「K―1」だった。ちょうど30年前に使われたのが先駆けという。

その後、プロ野球の西武ライオンズの松坂大輔投手が1999年、ライバルとのエース対決でリベンジを宣言したことで流行語大賞に。人気ドラマ「半沢直樹」の主人公の口癖「やられたらやり返す、倍返しだ」も有名なリベンジセリフだ。戦後、世界で勝ち続けてきた日本経済が1990年代に負けが込み、閉塞感を打破したいという潜在意識の表れかもしれない。

さて日本の小売企業でリベンジ型マーケティングに執念を見せるのは、セブン―イレブン・ジャパンだろう。ファミリーマートやローソンなどの競合に先行された分野（スイーツや店内調理）では時間をかけて追いつき、付加価値を高めてきた。ずっと日の目を見なかったレジカウンターで提供するコーヒーも、スタートから約40年後に「セブンカフェ」として2013年にようやく成功した。セブン（七）転び八起きである。

そんなセブンが2024年秋に向けてリベンジに動いたのがかつて苦戦したレジ横で売るドーナツだ。2014年に参入して、当時の成功パターンを駆使し、セブンカフェの次の集客の目玉にしようとした。出来たてパンと同じ方式で、工場で製造してからわずか3時間以内に店頭に並べた。

ドーナツに参入したのは「1日に3度という食事スタイルは崩れて、間食の需要が盛り上がる」との問題意識からだった。オールドファッションタイプ、リング型、豆乳タイプなどの商品を投入。当時、全国約1万7千店だったセブンが動けば市場を創れる。そんな神話もあったが、見事に失敗した。

セブンは「顧客に伝わるおいしさを実現できなかった」(商品本部)と分析。2016年に食感を変えて全面刷新したが不発に終わり、2017年に撤退を余儀なくされた。ミスタードーナツならぬ「ミスった」ドーナツである。

前回の参入から10年。埼玉県に住む消費者は気づいたかもしれないが、2024年7月の限定で同県内のセブンに再び出来たてドーナツが登場していたのだ。改良の手本は2022年に売り出したカレーパンだった。

工場でルーや生地をつくってカレーパンを製造し、いったん冷凍。これを店内調理器で揚げて提供すると大人気になった。ちなみにセブンのカレーパンは、2023年の累計販売数が7698万7667個となり、「最も販売されている揚げたてカレーパンブランド」としてギネス世界記録に認定された。第5次ドーナツブームとも言われる今、「カレーパン方式でリベンジできないか」と再設計を進めた。

埼玉県内のコンビニエンスストアのオーナーらと勉強会まで開き、ドーナツを投入するとSNSでも話題に。1日に2桁以上売れる店が続出し、いよいよ2024年9月から順次販売エリアを拡大している。

セブンイレブンを長年主導してきたセブン＆アイ・ホールディングス名誉顧問の鈴木敏文はコンビニ飽和論を耳にすると、決まって「行き詰まったら、やり方を変えればいい」と語っていた。とにかく食い下がるセブン。リベンジドーナツのアゲアゲ戦略に穴はなく、今度はカレーな成功を収めるのだろうか。

第6章

ニッポンの消費を変えた セブン物流革命

百貨店、スーパーマーケット、専門店などチェーン経営の小売業態の中で最後発がコンビニエンスストアだった。このため様々な新商品やシステムの実験場になる。その代表格がセブン―イレブン・ジャパンによる「頻度は高く、量は少なく」届ける店舗物流だ。小売りビジネスと消費が主導する新しい経済の誕生は、この物流イノベーション抜きでは考えられない。

売り手主導から消費者中心へ

コンビニがスタートした1970年代は、メーカー本位の経済で、作れば売れる時代だった。このため流通もメーカーが自社商品を有利に売るための「縦割り」構造になっていた。問屋も特定のメーカー品を扱う「特約店制度」に応じていた。当時は需要が供給を上回っており、特約店制度は効率的な物流システムといえた。

特約店制度

メーカーが特定の卸売会社と契約することで、商品の販売経路や小売価格に影響力を持ちやすくなる。卸売会社には新商品の入手、取り扱う量に応じてメーカーから受け取る販促金やリベート（奨励金）といった利点がある。食品や酒類、医薬品などで活用されてきた。

セブンイレブンの誕生は、こうした売り手主導の経済が崩れることの象徴だった。高度成長期が終わり、次第に供給が需要を上回るようになる。消費者の志向は多様化し、小さな容量へのニーズも強まっていく。

1974年に走り出した日本のセブンイレブンは、準備万端だったわけではない。東京都江東区に1号店をオープンして最初にぶつかった壁は、店への商品配送だった。創業まもない頃は店舗に様々な商品を納めるため、「約70台のトラックが1つの店に集中した」のは今も語り草だ。

例えば缶詰は1回当たりの発注ロット（単位）がスーパーを基準にした48個といった状態で、コンビニの在庫スペースはすぐあふれてしまう。そこで問屋に対してコンビニ店のサイズに応じた小口配送のお願いに回っていった。

セブンイレブンの情報・物流改革は消費革命をもたらした

1974年	1号店オープン、商品の小分け配送を模索
76年	取引問屋の集約化、デイリー商品の共同配送を実現
78年	発注業務を電話からコンピューターへ
80年	メーカー別だった牛乳の共同配送開始
82年	■フローズン(冷凍品)の共同配送 ■POSシステムを採用
2005年	野菜の低温物流を開始
19年～	店舗への納品回数削減へ。鮮度管理で消費期限の延長も推進
22年	店から自宅や職場に20分以内に届ける「7NOW」開始
23年	店舗からのAI発注を全国拡大

店が在庫で
あふれかえらなくなったわ

来店客の選択肢を優先
して売り上げが増えたね

シャキシャキのレタス
サンドができたよ

店舗スタッフの負担が
軽減されたよ

時代の先端か、逆行か

セブンイレブンの社史には、当時の菓子卸大手・髙山（東京・台東）の社長と専務のコメントが載っているが、面白いことに受け止め方が異なっている。社長の髙山は「採算は全然合わないし、しかも欠品だとかうるさく言われる……今に見てろ、今に見てろということしか考えなかった。みんなこの商売（コンビニ）をばかにしているが、伊藤（雅俊）さんと鈴木（敏文）さんがおやりになるんで、あんな堅い人がやるんだから間違いないんだ

「しかも、やることが時代の先陣を切っていて、他社より一歩ずつ前に出ている。死んでもついていかなくちゃいかんと思った。その気持ちがなかったらやめていたかもしれません」

一方、専務の髙山久一はこう語っている。「私どもはヨークセブン（セブン―イレブン・ジャパンの前身）さんの業態が理解できなかった。社長は取引をするというが、悪いという判断も、いいという判断もできない……大量販売を量販店がやっている時代背景の中で、ヨークセブンさんがやろうとしているような細かい仕事というのは、時代に逆行しているのでないかと、納得できない気持ちもあった」

専務の話は今の感覚では守旧的に聞こえても、当時の感覚でいえば正しい。しかしビジネスは現場・現実・現物と向き合いながらも、そこから先を読む「問題発見・解決」や「創造性」、「挑

戦」が欠かせない。それこそがイノベーションにつながる。

牛乳が突破口になった共同配送

もう一つの物流イノベーションが共同配送だ。サラダ、麺類といったデイリー商品を扱う小規模のメーカーはもともと多頻度配送の手段を持っておらず、コンビニへの共同配送が先行した。しかし大手メーカーになると、なかなか足並みがそろわない。最初に取り組んだのは牛乳だった。

全農、雪印乳業（現・雪印メグミルク）、森永乳業、明治乳業（現・明治）などが別々に配送したままでは効率が悪い。そこで地域別に担当メーカーを決め、他社製品も混載する共同配送を提案すると猛反発を食らう。「他社と混載すると弊社の牛乳が腐ってしまう」という過激な反対意見も出たとか。

メーカーの自社ブランドに対するこだわりは間違っていない。しかしメーカー本位の配送・陳列を続けていた牛乳の販売が低迷していたのも事実だ。そこでセブンイレブンが各銘柄の種類を見えるように並べ、消費者が自由に選べるように切り替える実験をしたところ、どの銘柄も売り上げが伸びた。

メーカーも消費者本位の仕組みを納得し、1980年から牛乳の共同配送が始まる。以降、他の冷蔵食品や冷凍食品、雑貨、化粧品などへ共同配送が広がっていった。小口配送、共同配送、そして情報システムを駆使した単品管理というセブンイレブンの「神器」がそろい、拡大路線が推し進められていく。

コンビニ物流が生んだ改革と批判

それでも満足してはいなかった。現在、商品・物流戦略を束ねるセブン―イレブン・ジャパン取締役の青山誠一は「私が入社した1981年はデイリー商品を1日2便で店舗に配送していたが、数年後に3便になると聞き、驚いた」と振り返る。

コンビニは1980年代半ばまで午前7時～午後11時の16時間営業が中心だったが、仕事や遊びで深夜にも消費行動が広がり、24時間営業が広がった。2便では足りなくなり、「人の食事は1日3回。3便は自然の成り行き」（セブン―イレブン・ジャパン創業者の鈴木敏文）との考えもあって3便に移行した。その後4便もできるようにした。

コンビニの急成長と24時間営業の拡大、多頻度配送。しかしこのことが1990年代に入り、物流費や物価高騰の一因とされ、環境破壊にもつながると社会的批判を浴びた。今にもつなが

セブンイレブンの主な共同配送体制

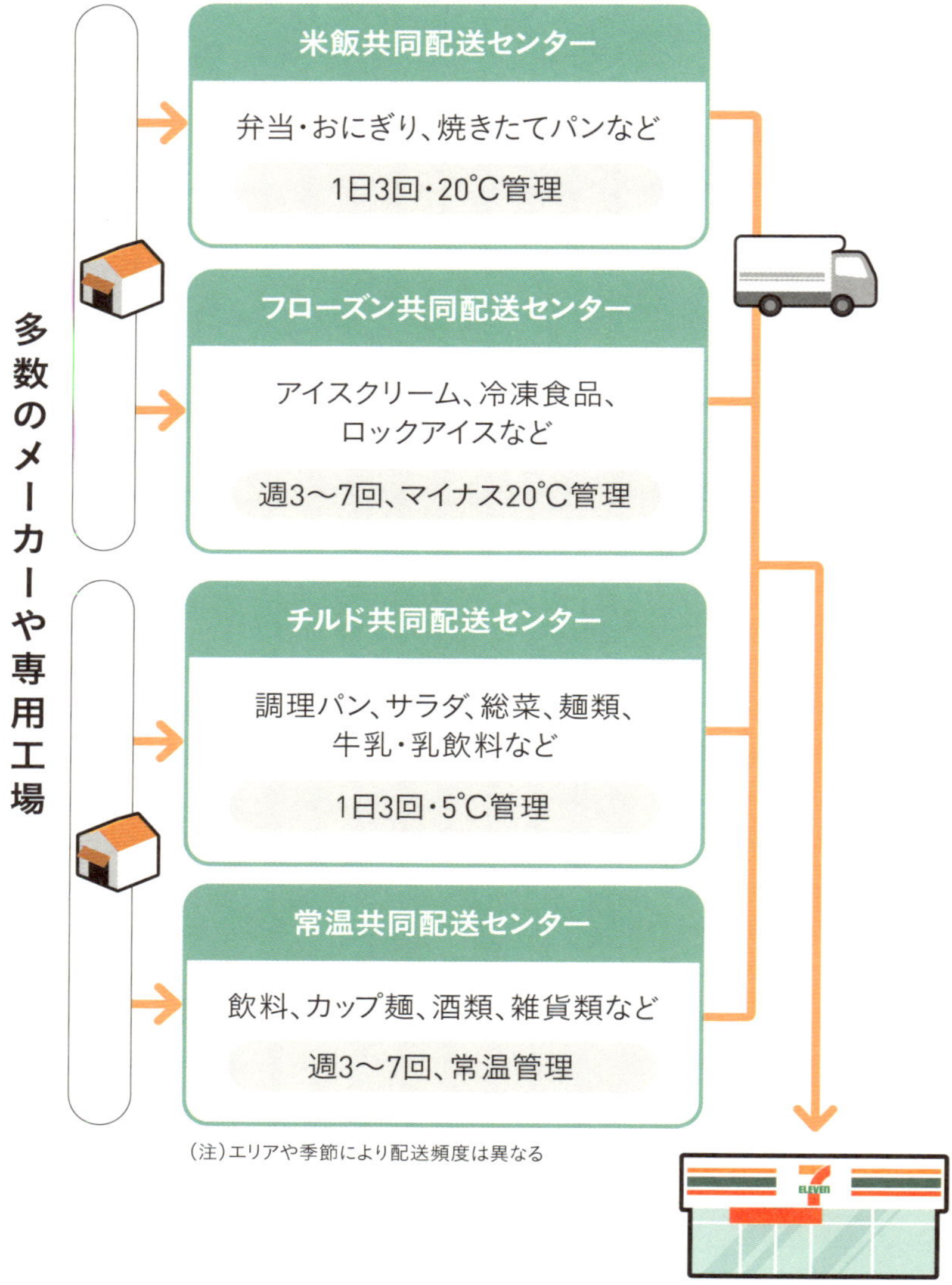

（注）エリアや季節により配送頻度は異なる

る「コンビニ批判」のはしりだ。それでも当時はコンビニの社会的ニーズは旺盛だった。鈴木が先頭に立ち、批判に対してデータを駆使した反論を続け、次第に批判は沈静化した。

物流問題は2010年代後半、再びクローズアップされる。人手不足が深刻になり、いわゆる物流クライシスが発生した。運送会社の値上げなどで、多頻度・小口配送を武器とするコンビニの経営モデルが曲がり角を迎えたのだ。

セブンイレブンと言えば、デイリー商品を統一した品質で作るメーカー連合の日本デリカフーズ協同組合（NDF）が有名だが、2020年には共同配送センターの運営会社が集まって物流版のNDFを設立した。人手不足などの共通課題を解決し、持続可能なサプライチェーンを作るのがねらいだ。

配送センターでも重ねる改善

共同配送センターでは合理化をどう進めているのか。2024年6月、アサヒロジスティクスが運営する横浜緑物流センター（横浜市）に足を運んだ。計27社が運営する164の配送センターの1つで、都内の世田谷区、目黒区、杉並区などと川崎市、横浜市の一部の900店超へ仕分けをして届ける。

1万平方メートルを超える延べ床面積の倉庫にはビールやカップ麺、おにぎり、氷菓などあ

900店あまりに商品を仕分け配送する横浜緑物流センター（横浜市）

らゆる温度帯の商品が集められ、店舗からの発注に応じてスタッフがてきぱきと仕分けを進める。ここは最先端のセンターで、従来の表示器による仕分け作業ではなく、音声を活用した効率的なシステムを採用している。

運転手不足は今も深刻だが、アサヒロジは離職率が低い。というのも女性スタッフの視点を取り入れたり、研修を充実させたりしているからだ。例えば配送中の休憩時に中がのぞかれないようにカーテンを付けるといった働き手に配慮したトラックを導入している。

おにぎりはブレンドの工夫で鮮度アップ……………

現場の作業負担に配慮した物流改革で、何より重要なのが配送頻度の削減だ。配送の効率化で1日4便を3便に減らしているほか、常温管理の商品では発注から配送までのリードタイム短縮を進める。

これを後押しするのが、鮮度時間の延長だ。2009年にチルド弁当の消費期限を約1日から約2日半にし、2010年には総菜の一部、2011年にパスタ、2018年にサンドイッチの一部、サラダの一部へと広げてきた。

2024年には「手巻きおにぎり」の定番5商品で消費期限を8時間延ばした。菌の増殖を防ぐ対策は新たな設備を活用した製法の見直しで実現できたが、時間とともにコメの品質が劣化してしまう課題があった。

そこで京都の老舗米卸の「八代目儀兵衛」の監修によってブレンド米の比率を見直し、おにぎりの鮮度アップにこぎつけた。味の向上と鮮度期間の延長という相反する課題の解決は、壁に当たったコンビニ経営モデルの明るい希望になったのは間違いない。

第7章

ローソン、ダイエー流×キャバレーに成長の源泉

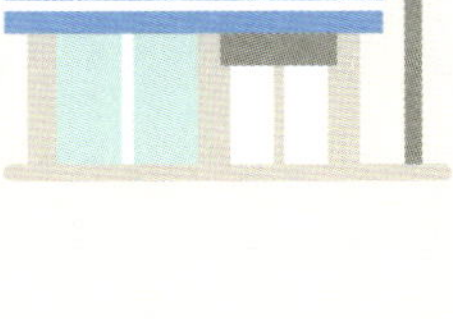

セブンイレブンの国内1号店が1974年5月15日、東京・豊洲にオープンしたとき、ダイエー社長（当時）の中内㓛がお供を引き連れて来店したエピソードに第1章で触れた。その時、セブン店長の山本憲司は中内の存在感に圧倒されながらも「一体何を目的に来店したのだろう」と冷静に考えていた。

そして1年後。ダイエーの動きで疑問は解けた。1975年5月にダイエーはコンビニエンスストアへの進出を発表し、同年6月、大阪府豊中市に「ローソン」1号店をオープンすると発表したのだ。大型スーパーの出店競争がようやく始まったばかりなのに、早くも大手小売りチェーンの戦線はコンビニにまで広がった。

ホームパーティーのような豊かさを提供

ローソンは1939年、米国オハイオ州でJ・J・ローソンが開業した牛乳販売店が起点だ。「ローソンさんの牛乳屋さん」として地元で評判になり、固定客が増えていく。そのうち牛乳だけでなく、「パンやジュースも置いてほしい」との声が強まり、自然とコンビニに変貌していった。

この点はセブンイレブンとも共通している。セブンは米ダラスの氷販売店が原型で、同じよ

ローソンは1970～90年代に革新的な試みを重ねてきた

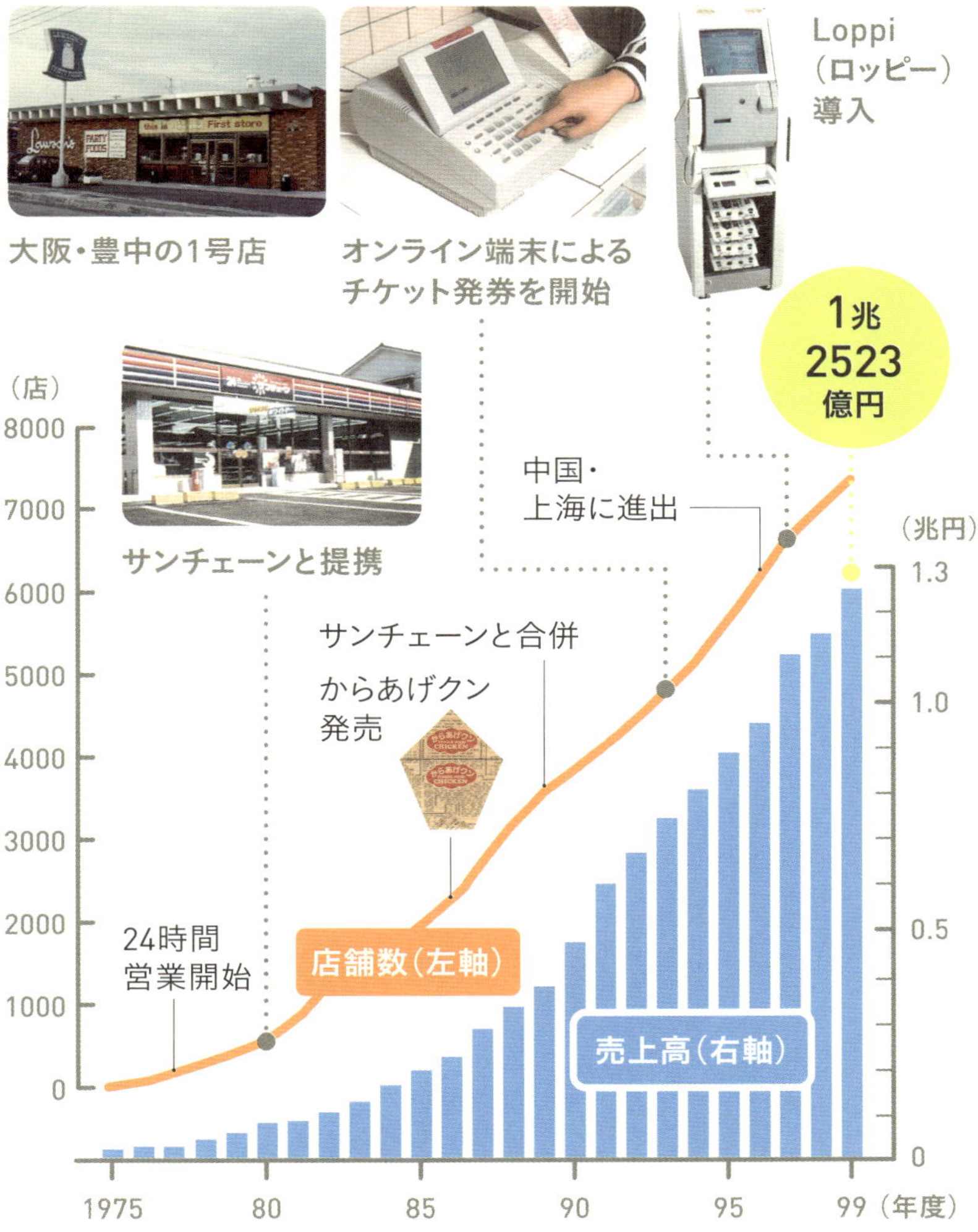

（注）同社資料より作成、年度は決算期

ローソン1号店は英語表記が目立つ米国風の売り場だった

うに利用客のニーズに応じて食品や飲料などに品ぞろえを広げていった。

ただし日本に持ち込まれたコンビニは、セブンとローソンで違いをみせる。セブンは米国流のサプライチェーン（供給網）に目をつけながら、日本の中小小売店を活性化するための「武器」に活用しようと考えた。つまり初めから日本に根付くよう、独自システムに改良していった。しかし中内は違った。店舗の外観から品ぞろえまで、米国のものをそっくり取り込んだのだ。

「米国の家庭ではよくパーティーを開く。ホームパーティーが社交の中心なんですね。そうしたことから、パーティーフーズやパーティー用品に対する需要がある。日本にもそんな時代がくるだろうと、ローソンを持ってきたわけです」と中内は語っている。この発言からは、すでに激しいライバル関係にあったイトーヨーカ堂とダイエーの相克も浮かび上がってくる。

品質を重視したヨーカ堂に対して、量と価格の面から米国的な豊かさを提供しようとしたダイエー。ヨーカ堂が運営するセブンイレブンは米国本社の手法を徹底して日本風に「翻訳」し直した。ダイエーはローソンを通じて、店作りを含む米国風のライフスタイルを提供しようとしたわけだ。

もっともローソンも、コンビニ市場の拡大とともに日本の日常生活を重視したチェーンストアに転換していった。1号店の初日の売上高こそ180万円と現在の3倍だった平均売上高が、失速したからだ。中内はこう振り返る。「日本の家屋構造や家庭の事情でホームパーティーが普及しなかった。ダイエーグループのやることは、いつも時代より一歩先を行くと言われますが、これは3歩ぐらい早かった（笑）」

からあげクン・チケット・中国展開

違いはさらにある。セブンは鈴木敏文というサラリーマンながら創業者的なリーダーが牽引し、親会社から独立した文化を育んだ。これに対してローソンはダイエーの持ち味を生かし、独自のコンビニ文化を創り上げていく。

例えば鶏のからあげの「からあげクン」だ。冷凍食品メーカーのニチレイと共同開発し、

「からあげクン」は様々な味付けで人気を保ってきた（2016年、発売30周年の展示）

1986年に発売している。これは肉の取引量で群を抜くダイエーの強みを生かしたものだ。5個入り200円という値ごろ感で中高生を中心にブームを起こした。

ローソンといえば、エンターテインメントに強いイメージがある。実際に他社に先駆けてマルチメディアステーション「Loppi（ロッピー）」を1997年に設置して、スポーツやコンサートなどのチケット発券サービスを展開した。

なぜダイエー的なのかといえば、同社がプロ野球チーム「福岡ダイエーホークス」を運営していたからだ。ホークスのチケットを手軽に購入できるように考えたサービスがロッピーの導入につながる。

中国進出が1996年と早いのも、中内の経

上海1号店の開店風景

営思想を映した動きだ。「私は自分自身の戦争体験から、アジアで流通近代化のお手伝いをしたいと、ずっと思い続けてきた」。現在では約6300店（2024年4月時点）を中国に展開している。企業の独自性とは長期的に育まれた歴史性や創業期の強い信念から生まれるのだとわかる。

キャバレーチェーンと合致した思い

数々の歴史や産業界の歩みを振り返ると、最大勢力に対して2番手以下が合従連衡で対峙するケースが多い。コンビニ業界もその例に当てはまる。ローソンは1年遅れでスタートしたわけだが、1989年に1000店舗超のサンチェーンと合併した。実はこのサンチェーンの文化が、ローソンの発展に大きな役割を果たしている。

サンチェーンの親会社はTVB（トライアル・ベンチャー・ビジネス）というサービス企業だった。実はこのTVB、有名なキャバレーチェーン「ハワイ」を展開していたのだ。社長の小松崎栄が、戦争で夫を亡くした女性の働く場所をつくるために始めたのがきっかけで、一時は1500店まで広げたという。

ところが1970年代後半のオイルショック後、類似したサービス業が増え、成長が鈍っていく。ナイトレジャー産業の「流通革命」を目指していた小松崎は、もう一つの革命を探る。ベンチマークとなったのがダイエーだ。流通業への参戦を決めると、百貨店の勤務経験がある常務取締役の鈴木貞夫（後のサンチェーン社長）の建言を取り入れ、コンビニに進出した。

鈴木がローソンの社史で語っているサンチェーンの特徴が実に興味深い。「ハワイチェーンではホステスと呼ばずに女子社員と呼んでいた。その女子社員の役に立つような場所にとの指示を受け、（コンビニの出店先は）東京23区内の繁華街周辺に決まった」。働く女性への配慮が経営の根幹になっているわけだ。美と健康を重視した「ナチュラルローソン」もそんな流れにある。

ニュービジネスに賭けたベテランオーナー

業界で初めて全店24時間営業を開始したのもサンチェーンだった。理由は「ハワイチェーンで働く女子社員が、（キャバレーの）閉店後に買い物できるように考え出した」（鈴木）。ちなみに社名サンチェーンの由来は、鈴木の一橋大学時代の同級生だった石原慎太郎の小説「太陽の季節」だ。

社史にある鈴木と中内のやりとりが面白い。1980年の業務提携時に鈴木が憧れの中内に面会し、「ダイエーグループにとって、コンビニはどのような位置づけにあるのか」と熱い質問を浴びせる。これに対して中内はこう返す。「わしゃ知らん。事業本部長に聞いてくれ」

鈴木が「この一言が印象的だった」と言うと、「そんなこと言いましたかな？」と笑う。ここでもセブンの鈴木と違い、当時はコンビニも一つの戦略ピースに過ぎなかったダイエーの鷹《おう》揚《よう》さが見えてくる。

現在、ローソンを東京都内で34店運営するセブンワイズ（東京・渋谷）社長の余田利通はそんなサンチェーンの出身だ。大学に7年も在籍し、通常の就職を諦めていた余田が住んでいた東京・茗荷谷にサンチェーンの本部がたまたまあった。

本部をのぞいてみると「のれん分け制度」を掲げ、店舗オーナーを募集していることから応

サンチェーン時代からコンビニ運営を手掛けてきたセブンワイズの余田利通社長

募を決めた。加盟のために１００万円を用意したが、実父は保証人になることに強く反対する。「大学をやめて24時間営業の仕事だと。そんなもん人のやる仕事じゃない」

やむなく保証人を親戚に頼み、晴れて東京・広尾の店長に収まる。もっとも出店場所が悪く、１日当たりの平均売上高はわずか14万円。「実は大学への復学も考えていて、客も来ない静かな環境であるのは良かった」（余田）。ところが運命はがらりと変わる。当時、酒類とたばこの販売免許は抽選制だった。それが開業から1年もたたないうちに抽選に当たり、免許を取得。売上高は一気に1日30万円まで伸びた。

数々の信念をのみ込んだ革新性

その後、別の事業に手を出して3千万円の借金を背負ったが、成長ビジネスのコンビニで複数店のオーナーを手がけて一気に返済した。１９８９年に運営元のサンチェーンがローソンとの合併に踏み切る際も「じくじたるものがあり、看板の掛け替えも最後まで抵抗してね」と余田は笑いながら振り返る。

しかしローソンの優れた商品力をみて、店を手放すようなことはしなかった。事業の成長とともに「コンビニを通じて地域コミュニティーの再生、フードロスをなくすという使命感が強まってきた」。今ではローソンオーナーの顔役だ。

日本経済が熱気を帯びていた1970年代から2000年にかけて、ローソンはダイエー創業者の信念やキャバレー経営者の挑戦など様々なエネルギーをのみ込んで成長してきた。2024年4月、通信大手のKDDIがTOB（株式公開買い付け）によって50%出資したのも、時代の荒波を越えてきたローソンらしいといえばローソンらしい。今後の展開には不透明さも残るが、革新性や顧客へのおもてなし志向が同社に刻まれている生命線であるのは確かだ。

からあげクンが示したできたての価値

様々なイノベーションを進めてきたセブンイレブンだが、他社が先行した事例も多い。その一つが1986年にローソンが発売した「からあげクン」だ。コンビニ誕生から約10年が過ぎ、スーパーとは違う使われ方がはっきりしてきた時期に、店内調理のフライヤー設備でいちはや

からあげクンを1日60万食分つくるニチレイフーズ船橋第三工場（千葉県船橋市）

く人気商品を確立した。

5個入り200円の値ごろ感から中高生を中心にヒットした。いわゆる「放課後メシ」である。当初の広告キャラクターもアイドルグループ「おニャン子クラブ」だった。味は発売40年近くで累計400種類近くあり、辛口のレッド、チーズ、カレー、東北限定の「いぶりがっこ」などのファンを魅了してきた。その誕生はローソンの担当者と冷凍食品のニチレイとの話し合いから始まった。

2024年7月中旬、からあげクン工場に行ってみた。ニチレイフーズ船橋第三工場（千葉県船橋市）はローソン専用で、ニチレイのグループ内でもあまり知られていないという。約3千平方メートルの工場に約200人が勤務し、原料の入庫、検品、味付け、成形、衣つけ、揚げ、凍結、包装という作業工程で1日60万食を製造している。

見学した日は発売前の新製品がライン上を流れていた。途中、からあげクンに何かを刻印する工程に出くわす。これはからあげクンの「妖精」と「妖精キング」の焼き印ではないか！　妖精の割合は「1000個に1個」というレアもので、たくさん食べるローソン社長の竹増貞信もまだ出合えていないとか。

放課後メシのヒットが、若者に強いローソンのイメージづくりに貢献したのは間違いない。例えばスイーツだ。2009年に発売した「プレミアムロールケーキ」はロングセラー商品として定着し、その後もスペインのバスク地方発祥のチーズケーキ「バスチー」などヒットを飛ばす。地力で勝るセブンに対抗するため、目新しさと話題作りは長年2位としてコンビニを牽引してきたローソンにとって生命線と言えた。そしてフライヤーの先行導入は、店内調理品を提供する「まちかど厨房」につながっている。

ローソンがトイレを開放した理由

ローソンのかつての親会社ダイエーのお膝元では1995年に阪神・淡路大震災が起きた。グループ総帥の中内㓛は「すべてのローソンの看板に明かりをともし、店舗再開の意思を示そう。そうすることで社会インフラの役割を果たす、という意思を伝えたかった」と当時を振り返ったことがある。以来、災害時にローソンは手厚い体制を敷いている。

まちかど厨房も東日本大震災の影響で電気・水道・ガスのライフラインが使用できなくなったとき、利用客に温かい食事を提供しようという加盟店オーナーとローソン社員の発案だ。

ローソンの先駆性で欠かせないのが、1997年からの「トイレ」開放だ。それまでコンビニにトイレが備えてある場合、使用できるのは購入時で店のスタッフに依頼するのが通例だった。しかしローソンは購入するしないにかかわらず、「好きなときにトイレを使って」と公言したのだ。

急な便意や尿意は個人にとっては「災」である。「マチのほっとステーション」をスローガンに掲げている以上、トイレの開放は必然だった。およそ50年にわたり、各社の消費者に向けたきめ細かな配慮の積み重ねが、単なる消費を超えた社会インフラというコンビニの価値を築いたのは確かだ。

Interview

ローソン 竹増貞信 社長

デジタルとAI活用、生産性を倍速で上げる

・Profile・

たけます・さだのぶ

1993年大阪大学経済学部卒、三菱商事入社。畜産部や社長業務秘書など経て2014年ローソン副社長。2016年から現職

Q.

店頭をみると割引セールが増えていますね。

「実はそんな意識はあまりありません。もはやお得感だけで顧客には響きません。面白くて、お得かな。グリーンスムージー、バスチー（スペイン・バスク地方発祥のチーズケーキ）など世の中に広く流通していないものを出すと人気が出ます。（増量を強調するキャンペーンの）『盛りすぎチャレンジ』などもそうです。こんな商品が

この値段でコンビニで手軽に買えることが大事です」

コロナ禍でコンビニの役割は変わりましたか。

「コロナ前まで本部はフランチャイズ加盟店のためにという意識が強かった。加盟店も本部の動きを見ている感じで。しかし今は、すべてお客様のためにあるというマインドにシフトしていきました。ですから他社も見ません。人まねをしても超えられませんからね。店舗、あるいは社会を通してお客様の姿を見る意識が強まりました」

ある意味、当たり前だと思いますが、なぜそんな自覚が強まったのですか。

「やはりコロナ禍でお客様の価値観、生活様式、社会が変わってしまった。新しい日常生活への取り組みが弱く、必要なものがなかったのです。おにぎりやソフトドリンクなどの売上高はコロナ前の水準に戻りましたが、元の商売に戻ったわけではない。冷凍食品や総菜が伸び、店の使われ方も変わりました」

「実験を重ねて冷凍ケースを増やしたり、総菜の商品点数を増やしたりと投資を進めてきたからです。デザート什器《じゅうき》や無印良品の商品コーナー拡大もそう。衣料品などの緊急需要も弱かった。ローソンの何々が欲しいというような指名買いが増えるようにしたい」

Q. 50年の歴史を迎えたコンビニは今、どんなステージにあると考えますか。

「店舗数的には成熟期です。誰でも利用できる店舗網があってインフラになります。実はここからが本当の勝負になる。生活者との接点で、災害時も役割を果たします。しかし人手不足や賃上げなどコンビニ経営には逆風も吹きます。インフラ機能を維持しつつ、便利な存在であり続けるには生産性を倍速で上げていく必要があります」

「これまでも人工知能（ＡＩ）やデジタルを店舗運営に使う実験を進めてきましたが、

表層的なレベルではダメです。今年導入したＡＩ発注システムは加盟店から評判がいい。あるオーナーは『信用していなかったけど、拍子抜けするぐらい効果的』と言いました（笑）。ローソンとフランチャイズを再契約いただくオーナーと旅行する機会があるのですが、『ＡＩに任せてきたよ』と気持ちよく参加してくれました」

Q. これからのコンビニはどんなイメージになりますか。

「ＡＩやロボティクスなどデジタル化は進めますが、人がいなくなるような店にはしたくない。無人で運営できる能力を備えつつも、あえてやらないぐらいのスタンスです。米国のスーパーではレジをすべて有人にして生産性を上げたケースもあります。むしろ人間を残すために生産性を上げていく努力が必要かもしれない」

「地域の人にとって、ローソンがあれば安心して暮らしていけるような商品やサービスを提供できるハブになることが理想です。そのため（ローソンに50％出資した）ＫＤＤＩの力には期待しています。今は色々な知恵を出し合うレベルですが、２０３０年には未来のコンビニとしてのインパクトを示したい」

第8章

ファミリーマート、「3位じゃダメなんです」の拡大戦略

全国チェーンのコンビニ1号店はどこでしょう？――という「業界あるある」のクイズがある。普通はセブンイレブンと答える人が多いが、実は違う。セブンに先駆けて日本のコンビニエンスストア1号店をオープンしたのはファミリーマートだ。

1970年代初頭、当時の「西武流通グループ」の流通産業研究所に在籍し、西友ストアー（現・西友）の取締役だった高丘季昭（後にファミマと西友の会長を歴任）は中小企業庁のメンバーと米国のコンビニの調査・研究を手がけていた。セブンイレブンと動機は似ていて、大型スーパーと中小小売業が共存できる小型店のビジネスモデル作りが狙いだった。

1972年には中小企業庁が西友などの協力を得ながら「コンビニエンスストア・マニュアル」を作成。セブンイレブンとローソンが米国企業とライセンス契約を結んだ。これに対してファミマは当時の西友が従来のスーパーより小さい「小型店担当」を社内に設置し、独自で作り上げた。

コンビニ事業の推進者でファミマと西友の会長を務めた高丘はこんな発言をしていた。「小売業は本来的にローカルなものであり、その主体は品ぞろえ。それならば何も米国内のノウハウを持ってこなくてもコンビニの品ぞろえコンセプトは学べると判断した」

1973年9月にオープンした1号店（埼玉県狭山市）

米国式ではないフランチャイズに

和製の手作りコンビニ。ファミリーという店名の由来も実に優しい。「お客様、フランチャイズ加盟店、本部が家族的なお付き合いをしながら共に発展していきたい」という思いを込めている。西友の小型店部門としてスタートし、1973年9月に埼玉県狭山市で1号店をオープンした。弁当、おにぎりといった今でいう「中食」はなく、実態はミニスーパーだった。

スタートダッシュこそ早かったが、同じ商売でもスーパーとコンビニは違う。細かな発注量、納品方法の確立などに手間がかかり、売り上げは想定通りには伸びない。月商

1000万円を目標としていたが、当初はその半分程度の実績だったという。店舗オペレーションの難しさに加え、「スーパーに比べて中小小売店と共存するというが、逆に圧迫するのでは」と西友社内でもコンビニ事業に懐疑的な意見が噴出したという。それでも1981年に別会社に移行し、ファミリーマートが誕生した。

初代社長の沖正一郎は伊藤忠商事から西友に入社した。伊藤忠に戻るか、西友に転籍するかを悩んだが、コンビニを立ち上げるために西友への転籍を選んだ人物だ。「商いとは飽きない」「米国式のフランチャイズではない。加盟店が繁盛するための本部として、日本的な心の通うフランチャイズにしよう。決してノウハウだけを売るのではない」など商売哲学を口にすることを好んだ。

1980年代はコンビニの「幼少期」であり、様々な人たちが人生の未来を託した。1983年に新卒1期生として入社した、現・副社長の加藤利夫もそのひとりだ。「当時は革新的な西武セゾングループの中にあって、小さな店で地域社会に貢献するというファミマで、コンビニという新しい流通業態がつくれると考え、応募した」と振り返る。

ファミリーマートはM&Aを繰り返して業界2位を目指してきた

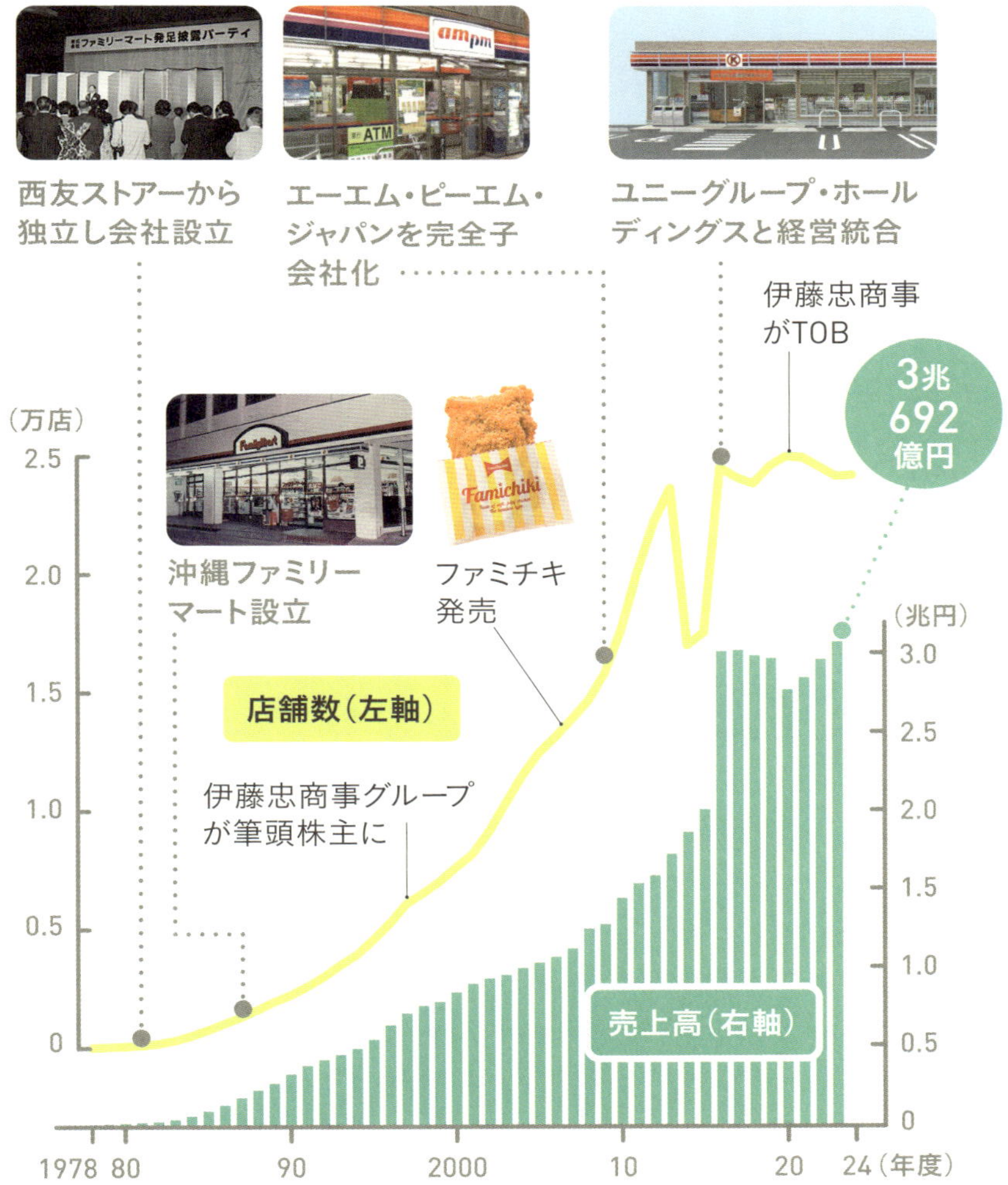

(注)2014年度の店舗急減は韓国撤退が影響、24年5月末の店舗数は2万4177店、売上高は単体のチェーン合計

創業期オーナーの戸惑いと決断

ここで1986年に店舗オーナーに応募し、今も4店を切り盛りする「ファミリー」を紹介しよう。長年勤めた会計事務所を辞めた岡野テルが次にどんな仕事をしようかと考えていると、長女が「ファミリーマートが店舗オーナーを募集しているよ」と教えてくれた。

当時は若者客が中心だったコンビニに行ったこともない。電話してみると東京・新宿の事務所に呼ばれ、店舗開発の担当者が商売の経験もない岡野にいきなり「ちょうど世田谷区で開発中の店舗があります。ぜひお任せしたい」と迫ってくる。

なんともコンビニが未開時代だったときの荒っぽい話だ。とりあえず引き受けた岡野は、京王線池ノ上駅の商店街にある店舗へ連れて行かれた。人通りは少なく、「1日100人も来店しないのでは」と戸惑うばかりだった。

「土下座しないと出してやらない」

実際にオーナーになってからは地獄のような思いをした。1986年といえば、2024年に話題となったTBS系テレビドラマ「不適切にもほどがある!」の舞台になった「昭和」のまっただ中。実際に不適切な嫌がらせが数多くあったという。地元商店街から目の敵にされたのだ。

「もう何回土下座したことか」。岡野は振り返る。例えば納品のトラックが少し店から外れた場所にとめると、ドライバーが車内から出られないような妨害行為を受けた。商店街の人から「土下座しないと出してやらない」と言われ、「それで済むなら」と路上で手をつく。応募を勧めた長女は見かねて「そんな思いをするなら、もうやめたら」と漏らす。

もっとも山形県出身の岡野は、幼少期に厳しい貧しさやいじめを経験してきた。「本当におしんのような世界だった」。おしんは1983～1984年に放映されたNHKの連続テレビ小説（ドラマ）だ。山形県の寒村に生まれた主人公が過酷な半生をたどり、後にスーパーを創業する。岡野も様々な問題や圧力に直面したが、苦労のうちに入らないと一つ一つ向き合った。

岡野テルさん（右）は都内の店を切り盛りし、長男に経営を引き継ぐ

酒販免許が抽選制（当時）で当たったのに、ライ

バルの酒販店出身のコンビニオーナーが妨害しているようでなかなか免許が下りない。こうした不適切な嫌がらせは続いたが、店のファンが徐々に増え、商売も軌道に乗り始める。商店街の祭りイベントなどにも積極的に協力するうち、地元とも打ち解けた。

ファミマの本部から信任を得た岡野はセブンイレブンやａｍ／ｐｍの牙城だった都心部の店を任された。岡野のもとには伊藤忠商事会長の岡藤正広からも感謝状が届く。まもなく経営のバトンを引き継ぐ長男は激戦区の渋谷区で店長を務めた。長女も世田谷区で別の店の店長を務める。まさにファミマ版おしんだ。こうした我慢強く、前向きなオーナーに支えられ、ファミマは成長を遂げていく。

セゾングループから伊藤忠商事へ

家族型経営のコンビニを掲げたファミマだが、親会社の西友が属するセゾングループの経営危機で転機を迎える。優良企業の売却資金で負債圧縮につなげるよう迫られたのだ。セゾングループの総帥、堤清二は「将来のあるコンビニより、百貨店を売った方がいい」とみていたが、縮む百貨店を売っても財務面の効果は薄い。

その頃、初代社長の沖の出身母体である伊藤忠商事がファミマに関心を寄せていた。「商社が今までのように口銭（商売の仲介手数料）で仕事をする時代は終わった。利益の根源に迫る」。

1997年の副社長時代からファミマの買収に関わっていた丹羽宇一郎（後の社長・会長）は自著『人は仕事で磨かれる』でファミマ買収の内幕を赤裸々に語っている。

丹羽は1990年代の業務部長時代にファミマに目をつけ、少しずつ株を買い増していこうという戦略を定める。するとファミマの筆頭株主のセゾングループがリストラを行うという話が浮上し、そこに照準を絞り、いつどのように株式を取得するか、チームを作ってシミュレーションをさせていたという。そして社長に就く数カ月前、丹羽はセゾングループの実力者の和田繁明と交渉することになる。

しかし、買収額の折り合いがつかない。お互いに腕を組んだまま、ひと言もしゃべらずに時間だけが過ぎていく。丹羽は「動いたら負けだ」と思い、我慢比べに挑む。すると和田が「ちょっと失礼をする」と言って席を外した。丹羽は「恐らくセゾングループの前オーナーの堤清二さんと電話で相談されていたのではないか」と振り返って

丹羽宇一郎氏（左）と和田繁明氏がファミマの将来をにらんで交渉した

いる。

結局、セゾン側が折れた。伊藤忠が提示した1350億円で、ファミマ株の30・6%を取得することで合意した。ただ、伊藤忠主導の経営になった2000年代には、コンビニ業界に成長の陰りが見え始める。首位のセブンどころか、2位のローソンにも店舗数で水をあけられ、2004年にサークルKとサンクスが経営統合すると3位の座すら危うい。もはや優しいだけでは先がみえない。強くならないと生き残れない状況に追い込まれた。

M&Aでライバルとも「コンビに」

2002年から社長に就いたのが伊藤忠の丹羽に近い上田準二だ。食料畑出身でプリマハムの立て直しで功績を上げた。人間味あふれる人物だが、経営には厳しい。ファミマの社長になる前に顧問に就任すると、「業界トップのセブンイレブンと歴然の差があるのに危機感がない」とリストラと士気向上に着手した。

万年3位のファミマをみて、大半の業界や業態は「2番手までしか生き残れない」と判断。まさに「3位じゃダメなんです」と言わんばかりに、M&A（合併・買収）を通じた拡大戦略にかじを切った。

ユニーグループ・ホールディングスとの経営統合会見で握手する上田準二ファミリーマート会長（中央）ら

２００９年には都心部に強く、約１１００店を構えるエーエム・ピーエム・ジャパン（ａｍ／ｐｍ）を買収した。２０１５年にココストアを買収、２０１６年にはユニーグループ・ホールディングスとの経営統合で、かつて店舗数で肉薄されたサークルＫサンクスを手に入れた。一時はセブンイレブンに迫る規模にまで拡大した。

優しい家族は様々な血を入れ、力強い集団に生まれ変わった。キャッチコピーになぞらえば、かつてのライバルと「コンビに」ファミリーマートだ。

中国製より高いタオルが売れた理由……

飽和感も強まっているコンビニエンスストアで、業態の見直し論も高まっている。食のインフラとして成長してきたが、１カ所の店で生活必需品をまかなう「ワンストップショッピング」論がその一つだ。

ファミリーマートがアパレルブランド「コンビニエンスウェア」を展開するのもそんな背景がある。靴下やハンカチ、タオルなどで構成し、いかにも繊維に強い伊藤忠商事のグループ会社的な企画だ。当初は「話題性だけで終わるのでは」と見ていた。

ところが全国展開から3年半で、今も前年実績のおよそ30％増で売れているというから驚く。とりわけ消費者の支持を受けているのが、タオルの名産地で有名な愛媛県今治市で製造する「タオルハンカチ」だ。

コンビニは食品が中心となり、ハンカチのような雑貨は緊急時のニーズが主で、荷動きは少ない。ファミマは2010年代後半まで中国製の値ごろ感のあるハンカチを置くだけだった。しかし「デザイン性の高い商品を置くと、市場が広がるのでは」との提案が社内から生まれ、今治産をプライベートブランド（PB）として投入した。

日本の伝統的なタオル産地といえば今治だ。硬度成分が低く、染めなどに適した良質の水が豊富だったことなどから発展。しかし低価格の輸入品の攻勢も受けてきた。

実はブランド品として復権してから、まだ20年もたっていない。2006年度から四国タオル工業組合と今治商工会議所、今治市が連携をスタート。国の支援事業を活用した「今治タオルプロジェクト」が転機となった。

ブランディングのために人気アートディレクターの佐藤可士和を起用した。独自のブランドロゴを制作すると同時に人気デザイナーによる新商品を投入したり、三越と共同企画を打ち出したり。高い品質の国産ブランドとして確立した。

そしてファミマがPBとして、今治タオルハンカチを全国の店頭に並べると不思議なことが起きた。隣に値ごろな中国製のハンカチがあるのに、高い今治産が圧倒的に売れたのだ。コンビニは決して「ファッション」を買い求める場ではない。特に雑貨はあくまで緊急時に購入される位置づけだ。それでもなぜ国産ブランドが売れたのか？

理由の一つは100円という価格差だ。中国製が500円（税別）なのに対し、ブランドとして認知された今治タオルハンカチは600円(同)。利用客は「割安感」を覚えた。

2020年から感染が拡大した新型コロナウイルスも影響している。手を洗う習慣が強まった。利用シーンが増えて、時に顔も拭くタオル生地ならば「少し高くても、拭き心地のいい高品質の今治産を選ぼう」という消費者心理を引き出したようだ。

タオルの名産地から様々なデザインの商品が出荷されている（愛媛県今治市の工場）

2021年からはデザイナーの落合宏理と共同開発したソックス、タオル、ハンカチなどのコンビニウェアを本格的に投入。ファミマ全体に占める衣料品の売上高は少ないが、ハンカチは3年半で累計販売が700万枚に。靴下は2000万足が売れ、「ファミマの顔」になったのは間違いない。

2024年も音楽イベント「フジロックフェスティバル」とコラボしたタオルやハンカチを販売すると、ほぼ完売した。ネットのフリーマーケットでは定価の2倍以上で取引するケースもある。

落合はハンカチを「小さなメディア」と呼ぶ。一目でフジロックコラボとわかり、その人らしさを見せることができ、コミュニケーションのきっかけになる。コンビニは身近な消費の場だ。そこでアート的な「日常のおしゃれ」が広がるなら付加価値も高まる。コンビニは服も売れる場になるのか。ファミマの実験は続く。

Interview

ファミリーマート

細見研介 社長

・Profile・ ほそみ・けんすけ

1986年神戸大学経営学部卒、伊藤忠商事入社。繊維部門が長く、2017年に執行役員。2021年3月から現職

「営・商・マ」の一体でヒット生む

Q.

「ファミマソックス」「生コッペパン」などヒット商品が相次いでいます。2021年3月の社長就任から経営をどう変えてきたのですか。

「まだまだうまくありませんよ。（社内の）連携がとれていないというか。特に新型コロナウイルス禍の3年間は経営をした実感はないです。例えばなぜこの商品がおい

しいのか、どれだけ熱を込めて作ったのかなど（消費者に向けた）商品コミュニケーションがまだ弱い。プライベートブランドのファミマルも、おいしさアピールが足りないと思っています」

Q. 何が原因でしょうか。

「規模追求のための合併を繰り返し、それぞれの会社の文化を尊重しました。まずは足して2で割るようなことをやってきたわけで。そこから何を目指すのかは後回しにして管理面を重視してきました。販売価格が安定し、ビジネスモデルとしては強いので（ビジネスとして）回ってしまうわけです。なので商売の哲学や構造についてチューンアップができていない。それでもこの3年で手をつけ、商売の構造見直しには動けました」

Q. 具体的にはどんな改革ですか。

「社長就任3年半ですが、その前から営業、商品、マーケティング、いわゆる営・商・マの連絡会が発足していました。毎週開いて機能するようになっていたので、加速していくことでヒットが生まれるようになったのです。これを地域レベルにも落とし込もうとしています」

「例えば生コッペパンの場合、原料調達からどう売っていくのかなど事前の準備をしっかり進めました。コッペパンは我々の世代（60歳代）にもなじみがあり、若い世代にはちょっと新しい感じがする。そして生コッペパンという名前をつけて、リニューアル感を出していきました」

Q. 靴下も受けました。

「こんなこと言うと怒られるかも分からないけど、ツイてましたね。緊急需要の実用衣料を、デザイナーの力を借りて1回打ち出してみようと日用品チームが考えました。『こんなもん売れるか』と周囲から言われましたが、そこを理解して売ってくれるフランチャイズチェーン（FC）の地域はどこかと。それが大阪でした。やはり衣

8

料品への熱量は大阪が高いですから」

「まず100店にコンセプトを示し、実用衣料品をリニューアルすると説明に回りました。それで販売を始めたのです。すると商品を介したコミュニケーションが深く、ダーッと売れました。すると『なんで売れるんや』という話になり、販売地域が広がったわけです。コロナ禍で衣料品の専門店にも行けない。それで近所のコンビニにおしゃれなものがあるならば買うよ、という雰囲気も醸成されたのでしょう」

「そして俳優の木村拓哉さんがインスタグラムで履いている姿をあげてくれたんですよ。微妙な履き方で、うちのかどうか正確に分からなかったけど、たぶんうちのやろうと。そこから火がつきました。コンビニの商売でデザイナーの力を商品に入れ始めたのはうちが最初じゃないかな」

Q.

コンビニは飽和状態ではないとのスタンスですが、今後どんな形で進化していくでしょうか。

「毎日1500万人の、しかも購買目的の顧客が来ます。破壊力抜群のリアルアセットなんです。デジタルから入ると、リアルの商売を理解できない。しかし逆はできます。店をデジタルの接点に活用でき、色々なサービスが展開できそうです。（少子化などで）もはや巨大なリアル店舗網を新たに構築することはできません。ネット通販のデリバリーコストも上昇していきます。コンビニの有効性は高まっていくでしょう」

第9章

セブンイレブン、買収提案に至る激動の15年

セブンイレブンにはいくつか歴史的な転換期がある。1970年代の100店達成までの創業期、公共料金の支払い、セブン銀行の誕生など1980年代から2000年初めまでの安定成長期、2000年代の低迷期、2000年代後半からの再・成長期、カリスマ経営者の鈴木敏文の引退や24時間営業の一部見直しなど成熟期、そして新型コロナウイルスの感染拡大への対応やグローバル戦略に突き進む2020年代以降だ。

とりわけ2024年8月、セブン—イレブン・ジャパンを傘下に置くセブン&アイ・ホールディングス(HD)がカナダの同業大手から受けた買収提案は、大きな歴史的転換になるかもしれない。セブン&アイ社長の井阪隆一がセブンイレブンの社長に就任したのは2009年。まさに激動期のかじ取りを担った。

井阪がなぜセブンイレブンに入社したのか。就職活動をしていた頃、家の近所にたまたまセブンイレブンがオープンする。その頃は、夜8時を過ぎると街はほとんど灯りが消えて、開い

いさか・りゅういち

1980年(昭55年)青山学院大学法学部卒、セブンーイレブン・ジャパン入社。2009年に社長兼セブン&アイ・ホールディングス取締役、2016年5月から現職

ている店はない。それが夜遅くまで煌々《こうこう》と灯りをつけて、しかも当時としては斬新なデザインの看板にひき付けられた。

ある日、店を覗いてみると、バラエティに富んだ楽しい商品が並んでいて、すぐ食べられる食品も多かったので興味を持ったという。もうひとつは、就職情報で、フランチャイズシステムという新しい経営手法を採用していることを知る。各店舗と本社の役割分担を明確にして生産性を上げる仕組みで、商品構成も楽しい。「効率のよいビジネスモデルとして成長するのではないか」と感じ、セブンの入社を決める。

井阪とのインタビューを手掛かりに、コンビニ激変期の流れを見渡す。

成功体験が足かせに

１９７４年の１号店オープン以来、順調に成長してきたセブンイレブンだが、２０００年代に既存店売上高が減少を続ける停滞期に入る。

「過去の成功にとらわれず、変化対応をしてきたつもりだった。しかし知らず知らずのうちに成功体験に縛られた。高齢化や働く女性、料理をしない単身者が増え、小売業のありようは変わっていた。全国の商店は約１７０万あったが、２００９年には１１０万に減少。ただ（郊

外の大型店拡大で）小売店の総販売面積は増えていた
「つまり遠くまで買い物に行けない人が増えているのに、近くの店は減るというパラドックスが起きていたわけだ。そこでやり方を変えようと。おにぎり、弁当中心から冷凍食品や総菜、加工食品を増やすと同時に売り場のレイアウトも変えていった。プライベートブランド（ＰＢ）のセブンプレミアムも（２００７年に）スタートし、（賞味期限の長い）スタンディングパウチを充実していった」

「１円でおにぎりを売る」店も

セブンイレブン社長に就いた２００９年、加盟店に対する値下げ販売抑制について公正取引委員会から排除措置命令を受ける。定価販売が中心の価格政策の曲がり角でもあった。

なぜこんなことが起きたのか？　そこにはコンビニならではの経営ルールが横たわる。コンビニはフランチャイザー（本部）がフランチャイジー（加盟店）に商標やノウハウ、システムを提供し、加盟店はこれに基づき、店舗を運営する。その上で商品の売価と原価の差の粗利益を本部と店舗で分け合う粗利分配方式をとる。

例えばおにぎりなどデイリー商品は仕入れた分が完売すれば、双方がもうかる。しかし売れ残ると、廃棄分を加盟店が負担することになる。それは商品の発注権限は加盟店にあり、売れない分に本部の責任はないとの考えからだ。

成長期はこうした問題は起きなかった。だが2000年代はまさに停滞期。販売不振に苦しむ一部の加盟店が廃棄ロスを避けるために値引きするのも当然の成り行きだ。このため「1円」でおにぎりを売るような問題も起きた。

「(2000年代後半は)売り上げが停滞すると同時に運営コストも上昇した。加盟店は収益が圧迫され、不満をためていた。そこに値下げ販売の抑制を進めたことで不満が爆発してしまった。コンビニ経営のあり方を変え、新たなコーポレートメッセージも必要になった。それが『近くて便利』だ。物理的かつ精神的な距離の近さと、いつ行っても欲しいものが手に入るという意味だ。ベタな言葉に見えるが、深い意味があると社内で議論を重ねて決めた」

この頃に「フードロス」という言葉も広がり始め、食品廃棄に厳しい視線を向けられることも影響した。セブンにも色々な言い分があったが、社会の変化をにらみ、排除命令を受け入れると同時に弁当類の廃棄損失の一部を負担することを決めた。

加盟店の不満もいったん落ち着き、セブンプレミアムも消費者に受け入れられる2010年以降、ようやくセブンイレブンの業績は持ち直す。再成長は2011年の東日本大震災の影響もあった。ローソン、ファミリーマートと合わせ年間1000店に及ぶ出店競争が始まり、セ

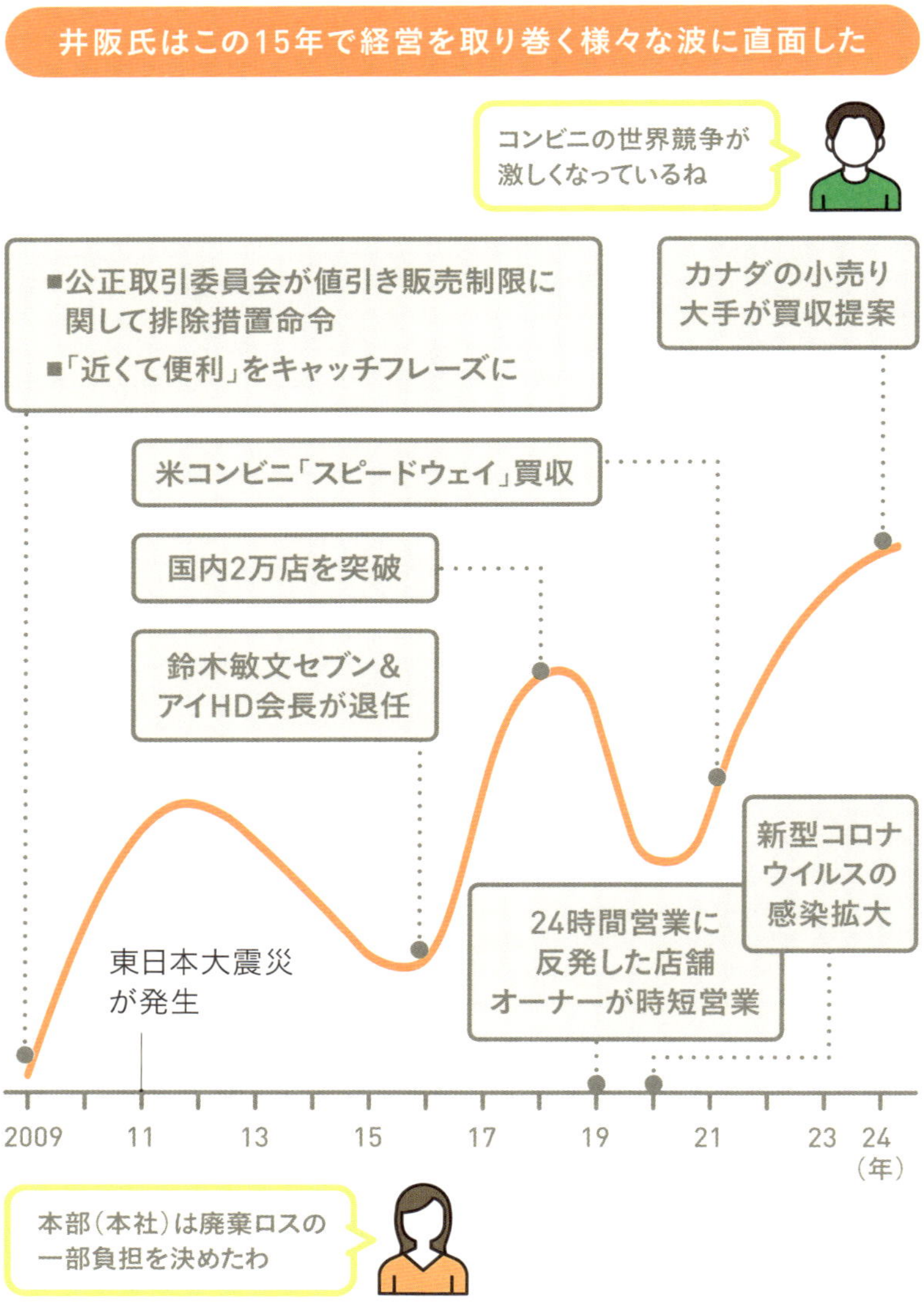
井阪氏はこの15年で経営を取り巻く様々な波に直面した
コンビニの世界競争が激しくなっているね
■公正取引委員会が値引き販売制限に関して排除措置命令
■「近くて便利」をキャッチフレーズに
カナダの小売り大手が買収提案
米コンビニ「スピードウェイ」買収
国内2万店を突破
鈴木敏文セブン&アイHD会長が退任
新型コロナウイルスの感染拡大
24時間営業に反発した店舗オーナーが時短営業
東日本大震災が発生
2009
11
13
15
17
19
21
23
24
(年)
本部(本社)は廃棄ロスの一部負担を決めたわ

ブンイレブンは2018年に2万店に達するが、これが今日のコンビニ飽和論にもつながる。

「2012年の夏から2017年の秋まで、既存店売上高は62カ月連続で前年同月比プラスとなった。それまでは来店客の男性比率が75％と客層も偏っていた。窓際で男性が雑誌などを立ち読みしているだけで女性は入りにくい面もあった」

「しかし商品と売り場構成を見直したセブンイレブンに、これまで利用していなかった客が訪れてみると『意外に使える』と価値を理解してくれたようだ。今では来店客の年齢構成も人口動態に近く、男女比率もイーブンになった」

「既存店売上高が前年比プラスの間は出店を増やすのが正しい行動だ、という気持ちだった。そして出店しても売り上げは伸び、顧客の望みにもかなっていたと思う」

ビジネスモデルの修正が必要に

しかし2010年代後半はグループに多くの激震が走った。2016年に日本のセブンイレブン創業者の鈴木敏文が人事を巡る争いから、セブン＆アイ会長を辞任。井阪が同社長に就く。2019年には大阪府東大阪市のオーナーが24時間営業をやめ、本部と訴訟になった。従来のビジネスモデルは修正を余儀なくされる。

「2019年の問題は2000年代と同じように人手不足が深刻で、オーナーの不満がたまっていたことが引き金になった。問題が局所的に起きていたことは聞いていたが、データ的に24時間営業を見直す必要はないとの判断だった。ただ、10年サイクルでこうした問題が起きてしまう。そうならないよう自分を戒めなければと痛感している」

「(東大阪問題をきっかけに) セブンイレブンの社長を交代し、現場とのコミュニケーションを密にするよう懇親会を開いたり、地区別に勉強会を開いたりして不満の声をつかむようにしている。例えば『いい商品を出してもなぜすぐに発注制限がかかるんだ』とかね。局所的な問題なのか、全体につながる問題なのか、しっかり見極めることが加盟店ビジネスの要諦だ」

新型コロナウイルスの感染拡大もコンビニ業界を大きく揺さぶった。自宅での巣ごもり生活は追い風のはずが、逆の結果に。実はコンビニは外出型のビジネスモデルで、既存店売上高は前年比マイナスに転じる。2021年にはセブンプレミアムの売上高が初めて前年実績を下回った。

失敗を検証する「大反省会」

PBという再成長の立役者が沈む事態にグループには激震が走った。セブンプレミアムは約570の企業などが参加しており、2020年度の売上高は1兆4600億円とPBでは国内最大。2021年度は1兆4800億円の予想だが、思惑通りには事が運ばなかった。2021年10月。セブン&アイから約80社の食品メーカーに突然、招集がかかったのだ。異例の動きに身構えるメーカー。参加者はセブンプレミアムを担当するセブン&アイ常務執行役員の石橋誠一郎のほか、グループのセブン―イレブン・ジャパン、イトーヨーカ堂、ヨークの商品担当者。PB発案者のベニマル会長の大髙善興も名を連ねた。

呼ばれたのは2020年度、2021年度とセブンプレミアムの売り上げを落としたメーカー。厳しい要求を突きつけられると思いきや、その逆だった。セブン側は「コロナによるコミュニケーション不足も重なり、単品別の売り上げ減の検証などが十分にできていなかった」と説明。そして複数の商品を対象にセブン側の失敗の検証結果を示し、今後一品ずつ対策を施していくという「大反省会」だった。

スタートから順調に売り上げを伸ばしてきたセブンプレミアムが、なぜマイナスに転じたのか――。理由は、コロナ禍での消費の変化に対応が遅れたからだ。グループ内でのセブンプレミアムの最大の売り手はコンビニのセブン―イレブン・ジャパン。このため主に1人、あるいは2人の少人数世帯向けに商品を設計しており、小容量サイズが多い。だがコロナ禍の日常で売れるのは、大容量サイズや複数の商品が入ったマルチパックだった。

本来ならば2020年に売上高がマイナスに転じるはずだったが、このときは巣ごもり生活が一気に広がり、メーカーのナショナルブランド（NB）の商品が不足した結果、PBの需要も高まり、プラスを確保できた。

サイズに加え、多様な味への対応も弱かった。例えば、調味料だとワサビやからしが中心だが、巣ごもり生活の長期化で「しそ味」などの売り上げが急増。しかしセブンプレミアムはそういった商品は取り扱っておらず、カバーしきれない分野も広がった。「グループにスーパーなどもあり、需要の変化はデータに出ていた。しかし既存のセブンプレミアムの延長上で商品開発を考えていて、消費者のニーズとずれた」（石橋常務執行役員）

そもそも日本のPBは低価格化を進める量販店が、メーカー品の廉価版として売り出していた。宣伝費を抑えているため利益率が高く、ブランド力の強化にもつながる。イオンが2025年度までにPB関連の売上高を2兆円と現在の2倍に引き上げる方針を掲げるなど、各社は拡大戦略を急いでいた。

改めてPBを考える

欧米の場合、小売業の寡占化に伴いバイイングパワーを備えているためPB開発に向いている。日本はイオンやセブンのような2強でもシェアは小さい。メーカーも多く、PBといってもNBとの違いを打ち出せず、独自性は薄い。

セブンプレミアムの失速もこの点にある。量を追求した結果、立ち位置が曖昧になった。例えば、缶飲料やスナック菓子などはNBで十分なのにわざわざPBを作る。消費者からも「PBばかりで買い物の楽しみが少なくなった」との声は多い。

このためセブンではアイテム数の削減に乗り出し、8％カットした。「改めてPBとは何か」（石橋）を追求し、質や価格の観点から作り直すという。前提にあるのはニューノーマルだ。国内でのコロナ感染者数は減ってきたが、リモートワークなど定着したライフスタイルも大きかった。井阪は当時、どうとらえていたのだろうか。

「何が起きたのか？ 外出制限で外食に行けなくなったが、おいしいものを食べたい。家庭料理のレシピの幅では限界がある。グループでどんなものが売れているか調べたところ、イトーヨーカ堂でタイ料理の名店『マンゴツリーカフェ』のガパオライスが1日で100食も売れている。一方、セブンイレブンには名店の商品が欧風ビーフカレーしかない。それで一気に名店監修のカレーなどを増やした」

「外出制限が終わっても、同じことをやっていたら売れなくなる。後で振り返って分かることは多いが、変化のちょっと前に気づくことが経営の達人だ。今のインフレ局面も同じ。コス

セブン―イレブン・ジャパンが北海道内で宅配サービス「7NOW（セブンナウ）」限定で発売した揚げ物商品

トアップで価格転嫁を進めても、そのまま受け入れると値ごろ感が失われる。生産性アップでコストをどこまで吸収できるか、しっかりした原価計算が欠かせない」

品ぞろえと値ごろ感の両立………

インフレ、デジタル化、人口減、健康志向の強まり、消費ニーズの細分化――。コンビニをめぐる環境は厳しさを増すばかりだ。バージョンアップが欠かせない時期を迎えている。

「小商圏化が進んでいると思う。小商圏化とは1カ所で買い物を済ませたい消費者行動を意味している。例えば日用雑貨で（100円ショップの）ダイソーを導入した効果は大きかった。キッチンペーパーとかゴミ袋とか、消耗品は安い方がいい。我々もそこまでキャッチアップできない」

「変化対応を続けるにはスモールテストをどれだけ実施できるかも大きい。狭い地域での実験なら、失敗しても経験は生きる。例えば最近、おにぎりやパンなどのフレッシュフードの売り上げが落ちている。そこで北海道で、おにぎりとパンの値下げをテストしてみた。通常なら値下げ品だけ売れるが、今回は他の品ぞろえを手厚くすると1人当たりの買い上げ点数が伸びることが分かった。品ぞろえと値ごろ感を両立すれば、ワンストップショッピングが可能になる」

「あとは作りたてだ。カレーパンは驚くぐらい定着し、コロッケ、フライドチキン、焼きたてパンも始めている。スーパーだと購入して食卓に並ぶまで時間がかかるが、コンビニなら10分ぐらいで済む」

「今や売上高ベスト20のうち、10アイテムが出来たてだ。そして7NOWというお届けサービスを組み合わせる。eコマースと（料理宅配の）ウーバーをミックスしたモデルで、プロボクサーの井上尚弥選手のように（消費者の生活圏における）超接近戦が理想だ」

グローバルだけど、ローカライズ

セブンイレブンの今後の成長の柱は2つある。国内市場のさらなる接近戦と広範囲の世界市場で顧客と向き合うグローバル戦略だ。コロナ禍でセブン&アイは2兆円超を投じて米スピードウェイを買収し、グローバルプレーヤーへと加速した。ところがカナダ企業から買収提案を受けるなど、厳しい「洗礼」も待っていた。

「グローバル化と言っても、ローカライズしないといけない。(標準的な商品を世界中で提供する)マクドナルドやスターバックスとは違う。どんなニーズや志向があるか調べ、価格と商品構成を見極めるのが大事だ。何よりもカギを握るのは味と品質で、そうなると日本流のサプライチェーンが不可欠だ」

「最近もハワイでバリューチェーン研究会を開き、インド、ベトナム、マレーシアの現地トップが集まった。日本型のモデルは海外で移植しにくいと言われてきたが、今ではハワイで率先して手がけている。ベトナムやマレーシアでも回り始めている。マレーシアでは新工場が立ち上がり、フレッシュフードの構成比が3%から20%まで伸びて、全体の売上高が1・5倍に増えた。日本型モデルのグローバル展開はうまくいくと考えている」

乱気流のようなコンビニ激動期に身を置いた井阪。鈴木敏文が築いたセブンイレブンの土台を受け、グローバル戦略に大きくかじを切ったのは間違いなく井阪だ。米国では日本のような出店拡大は難しく、M&A（合併・買収）をしないと勢力圏は広げられない。2020年までに40件以上のM&Aを展開し、約3300店を増やし、2021年にはついに2兆円超を投じ、米スピードウェイを買収。3900店を加えた。

とりわけ米スピードウェイへの執念は深かった。2020年に独占交渉し、いったんは諦めた案件だったが、8月にセブンへの売却が決まった。これで2位以下に店舗数で2倍以上の差を付けた。経営が傾いた本家の経営権を取得し、立て直したセブン―イレブン・ジャパン。量、質ともに手に入れた日本発のコンビニモデルが世界を席巻することを視野に入れて自信がみなぎっていたのだろう。

セブンは完全に世界での「資本のゲーム」に身を投じたのだ。それ故に百貨店やスーパーの切り離しを求められたり、取締役の退任を突きつけられたり、「外圧」が増えてくる。そして2024年8月に買収提案まで受ける。50年かけて積み上げてきたセブンは未踏の世界に入り込んだ。

第10章

コンビニの生みの親、鈴木敏文氏に聞く

セブン&アイ・ホールディングス（HD）の中核企業、セブン―イレブン・ジャパンの1号店が開業してから50年。カナダの同業のアリマンタシォン・クシュタールがセブン&アイへの買収提案をするなど、コンビニエンスストアはグローバル流通戦争の最前線となった。

米国発のコンビニだが、多様化する消費志向に合わせて作り直したコンビニの「中興の祖」はセブン―イレブン・ジャパンの生みの親であるセブン&アイ名誉顧問の鈴木敏文だろう。どんな経営哲学で、何を目指してきたのか？　同氏へのインタビューを交えながら足跡をたどる。

鈴木敏文・セブン&アイ名誉顧問

常に周囲から反対されてきた

鈴木は2016年にセブン&アイHD会長を退任して以来、東京都千代田区紀尾井町の「ニューオータニ」のオフィス棟に身を置く。2024年8月29日に「セブンイレブン50年」をテーマにインタビューし、まずは過去50年で印象深いことは何かと聞いた。「周囲が反対したスタート時だね。日本には商店街があるし、それがない米国とは違う。だからこんな小さい店なんかダメだと。それで（当時の業務開発担当だった）清水秀雄君と、日本でコンビニをどう成功させるかを散々議論してつくり上げた」と振り返る。

常に周囲に反対されてきた――。鈴木の口癖と言っていい。セブンイレブンの導入、運営方法、その後の銀行への参入、品質重視のプライベートブランド（ＰＢ）の開発などがそうで、むしろ反対を肥やしに壁を壊してきた。世間は足元の現実から物事を判断するのに対して、鈴木はその現実から「どう変わるのか」という近未来からの視点で考える。

「単品管理」の思想

鈴木の思考法はどう育まれてきたのか？　それはイトーヨーカ堂に入社する前に在籍していた大手出版取次のトーハンで学んだと話す。

「自分で構想し、これでいけるかこれでいけるかの積み重ねだよね。仮説と検証。統計と心理はトーハンにいた当時から、統計学と心理学を勉強し、それが生きた」

言うならばデジタル的なデータとアナログ的な人の心理から世の中の変化を探るという姿勢だ。営業や仕入れなど実務的な経験はないがために、逆に顧客の立場から最適な満足度をどう提供できるかを俯瞰《ふかん》しながらセブンイレブンを育ててきた。

その代表的なモデルが「単品管理」の思想だ。鈴木が日本経済新聞に連載した「私の履歴書」によると、店舗数が300を超え、商品点数が3000品目を数える開業4年目。チェーン店では世界初の発注のシステム化を構想し、大手電機メーカーを1社1社訪ねるがどこも難色を示す。

前向きに対応してくれたのがNECで、将来の成長性を見越して低コスト・超短期納品という難題も受け入れてくれた。1978年に発注端末機ターミナルセブンを全店に入れ、POS（販売時点情報管理）システムも構築していく。

もっとも単品管理とはここから先だ。あくまでデータは過去の実績に過ぎない。あすの天候、気温、地域の行事予定など多様な先行情報から顧客の心理を読み、何が売れそうか仮説を立て、発注し、結果をPOSで検証する。仮説と検証を繰り返し、欠品による機会ロスと売れ残りによる廃棄ロスを最小にすることこそが、単品管理だ。セブンイレブンは本部から店舗までこの思想を深く注入したことで強力な成長基盤を築くことができた。

世の中の不便に挑戦した銀行参入

世間の常識ではなく、「顧客の立場」で考える。これを徹底してきたのが鈴木だ。セブンの歴史を考える上で欠かせないのが銀行の設立だ。2021年に銀行設立の経緯を鈴木から聞いている。これを紹介しよう。

セブン＆アイ・ホールディングス傘下のセブン銀行が開業したのが2001年。今ではATMの運営台数は大手行合計を上回り、ユニークなビジネスモデルは身近で便利な銀行として世の中にすっかり定着した。

鈴木がセブンイレブン店舗にATM設置を指示したのは1997年。野村総合研究所の1万人アンケートで「コンビニにATMがあったらいいな」との要望があったことが鈴木を動かした。

――当初は銀行参入に反対も多かったようですね。

「私はほかでやっていないこと、世の中の不便さにいつも挑戦してきた。メインバンクのさくら銀行の岡田明重頭取（当時）は『銀行なんて簡単にできない。しかも失敗したら、我々の責任だと言われるのでやめてほしい』と言ってきた。もちろん岡田さんのご心配はありがたい。しかし銀行は土日が休みで、平日も午後3時で閉店。不便なんだよ。失敗するかもしれないけど、やってみる価値はあると考えた」

当初は都銀4行と「ATM共同運用会社」を設立する案で進めていた。だが共同運用会社の場合、設置店舗は銀行が決めるなど、セブンにとって新しいサービス開発の足かせになる。このため1999年、自前の銀行設立にかじを切った。

——共同運用会社では納得できなかったのですね。

「銀行は従来の発想の延長でしか考えていない。銀行家は『銀行とはそういうものだ』という専門家の発想になってしまう。別に銀行の旧態を打破したかったわけではなく、利用者に新しさ、便利さを感じてもらいたかっただけ。当時は既に24時間型の生活サイクルが始まっていた。新しい変化に、どう対応するかが経営だろう」

当時の橋本龍太郎首相が1996年に金融ビッグバンを提唱し、規制緩和の道筋はできていた。最終的に金融庁などとの交渉窓口となるバックアップ銀行として三和銀行を選び、2001年4月に「アイワイバンク銀行」（現セブン銀行）が誕生した。

——当初は日本債券信用銀行（現あおぞら銀行）を買収する計画でしたね。

「さすがに一から作るのは大変だと思い、日債銀の子会社を買収しようとしたけど、5年先になるという。そんなに待ってられないので、じゃあ自分でやろうということになった」

——なぜバックアップ銀行がメインバンクではなく、三和銀だったのですか。

「担当者は東京三菱銀行などいろいろ交渉したけど、自分たちの考えを押しつけてくる。銀行は一般消費者のことなんて考えていない。時代に合った新しいサービスを提供したかっただけ。銀行のことなんて考えなかったし、分からなかった。三和銀だけは我々の考えに関心を示し、話が通じたからね」

――初代社長に安斎隆氏（日銀出身）を起用したのも同じ理由ですか。

「彼は柔軟だった。何人か面接したけど、多くの人はやはり『銀行とはこういうもの』という姿勢が多かった。安斎さんが社長になってくれたのは本当に大きかった」

――黒字化についてはどう考えましたか。

「当初は7年ぐらいかかると思ったけど、結果的に3年で黒字になった。ATMもNECと交渉して1台200万円（当時は800万円台が相場）に抑えた。銀行というのはあらゆるものを満点にしないと気が済まない。いろいろな機能が付いていてね。うちはお金の出し入れさえできればいい」

――開業時、現場にはどんな指示を出しましたか。

「あくまで成功するかどうかは売り場の力だと。小売業にとって現場のサービスが店舗への顧客ロイヤルティーを高める。だから基本を徹底しようと。お金も弁当もおにぎりも同じ。質を高めれば量も増える」

鈴木にとって銀行も小売りも出版も経営者としての姿勢は変わらない。過去や体験にとらわれないこと、変化対応、先手必勝だ。

――鈴木さんがやれることを、なぜ他社はできないと思いますか。

「要するにビッグデータにとらわれるからだろう。ビッグデータとは過去の経験を示したものにすぎない。コンビニも同じだった。ダイエーの中内㓛さん、セゾングループの堤清二さんのような流通の精鋭でも当初は反対していた。みんなビッグデータから考えるからそうなる。大事なことは今、消費者はどうなのか、将来どうなるのかを考えることだ」

「私自身、流通の素人だったので、『流通とはこういうもの』とは考えない。そうではなく、こうしたら喜ぶだろうというふうに考える。今もコンビニの日販（1日当たりの店舗平均売上高）はセブンが66万円（2023年度で69万1千円）と断トツで、2位以下とは縮まらない。不思議なもので、先行するとはそういうことなんだ」

――万事、顧客満足から考えていますね。

「商社も系列的に考えると三井物産だけど、いいものがあれば、伊藤忠商事に頼む。こうじゃなきゃいけないって、考えない。腐れ縁を持ってはいけないんだよ」

――もし鈴木さんが今、銀行の経営を頼まれたら、どうしますか。

「なんで銀行があんなふうに変わったのだろうというふうになるかな（笑）」

セブン銀行とは

銀行業への異業種参入の目玉として2001年に「アイワイバンク銀行」として設立。2005年に商号変更。最大の収益源はセブンイレブンの強力な集客力を背景に、利用者と既存銀行から受け取るATM手数料収入だ。

母国の米社を立て直す

さて銀行設立前、鈴木は大きな宿題を突きつけられていた。日本のセブンイレブンが順調に成長を遂げる一方、1980年代後半からライセンス元の米サウスランド社の経営が傾き、再建を頼まれたのだ。どんな心境だったのか。

「うまくいかないのならば何とかしようという挑戦する気持ちだった」。鈴木は米社買収の指揮をとり、まさに「単品管理」を柱とする日本流コンビニモデルを米国に移植していく。

鈴木は時に怒りをあらわにしながら、経営改革を断行。メーカーや卸主導の品ぞろえを改め、店舗発注が主導のモデルに切り替えていった。サンドイッチなどでも日本のようにメーカーと共同で商品を開発するチームMD（マーチャンダイジング）方式で、専用工場を作り、共同配送センターも配備。このため「ハリケーン鈴木」とも呼ばれた。これについて聞くと「何を言っているんだ（という感じだった）」と苦笑いする。

実は資生堂会長の魚谷雅彦は米国のセブンイレブンの立て直しに関わっている。米食品大手のクラフト・フーズ（当時）の日本法人副社長時代に、日本のセブンイレブンサイドから「米国の店舗にサンドイッチを供給してもらえないか」との打診を受けていたのだ。

そうなると工場も必要で、大きな投資を伴う。そこでセブンイレブン、米サウスランドなどとともに、クラフトのトップと交渉することになった。複数のメーカーがチームを組み、1つの商品を開発・生産する仕組みを説明しても相手はちんぷんかんぷんな様子。「我々はチーズメーカーで、なぜケータリングの会社にならないといけないのか」という反応だった。

そこでクラフトの中堅社員を日本に派遣してもらい、セブンの取引先工場や店舗をつれ回ると、きめ細かいサプライチェーンに感動。トップにそう報告すると、事態は動く。クラフト側はセブンとの取引拡大を視野に入れ、工場の設立に動いた。クラフトが動けば、他のメーカーも動く。セブンはそんな読みがあったのだろう。

魚谷は「日本の小売業が米国で活躍する仕事に関われたのは名誉なこと」と振り返る。資生堂の会長退任を決めた魚谷は2024年秋に鈴木を表敬訪問し、米国でのコンビニ革命の意義を熱く語ったという。

カナダからの買収提案

米社を立て直し、その後もM&A（合併・買収）で北米でのトップ企業に駆け上がったセブンイレブン。しかし2024年8月に逆に買収提案を受ける。このことを聞くと「だいたいね、そういう風に手を伸ばしてくるということはくみしやすいとみられている。僕は逆にくみしやすいと思っていたけどね」と答えた。

さらに世界的なコンビニ争奪戦が将来、勃発する予感はあったかと尋ねると「そんなことは考えていなかった。あくまで自分で理想とするものに近づこうという気持ちだけ。するといつの間にか日本がセブンイレブンの中心になっていた。米国に対して発言力が強かったよ」と自負する。

それでもカナダ社の買収提案について心配ではないかと聞くと「心配してもしょうがない。気にはなるけど、（会長退任後は）これまでも現経営陣に『おかしい』とか『こうしろ』とか言ったことは一度もない」と淡々と話す。

生みの親にして、カリスマとも言われた指導者だった鈴木の時代は、今とは違う緊張感があった。例えば役員の試食会で口に合わないと販売中止となる。「味覚に自信があったのか」と聞いてみると「自分で納得できないものは食品も雑誌も駄目出しをした。自分の感覚を信じてやっていた。塩ラーメンの試食で60食を捨てたこともあった。これじゃ駄目だといって、60食を全部破棄した」

もったいないので、それを社内で食べましょうと部下が伝えると「社内の人においしくないものを食べさせて良いのかと言って捨てさせた。自分で納得できないものは全部ノー。人に勧めるわけにはいけない。納得できるまで追求させた。感覚の問題。そこは譲れなかった」

そこで「米国コンビニの食はおいしくなかったですか」と聞くと「米国から真似したものはない。看板とシステムくらい。真似することは嫌いだった。国内でも真似したことはない。自分が納得するかどうか」。一貫している。

実は人気氷菓の赤城乳業「ガリガリ君」でも2014年に「廃棄騒動」が起きた。衝撃の味シリーズとして赤城乳業が「シチュー味」「コーンポタージュ味」などを発売すると、ガリガリ君旋風が巻き起こる。ところが第3弾として「ナポリタン味」を投入すると、想定外の事態に見舞われた。

どこからか「おいしくない」とのクレームが入り、ナポリタン味がセブンイレブンから撤去されたのだ。今では「あそびましょ。」を企業スローガンとする赤城乳業らしいエピソードとして伝わるが、当時のマーケティング担当者は最大手コンビニの行動に肝を冷やしたという。

最高の技術で、最高の商品を

鈴木の壁。単品管理とともにセブンイレブンに染み込んでいるのは簡単に妥協しないものづくりだった。実はセブン&アイHD社長の井阪隆一も鈴木の壁に何度もぶつかり、辛酸をなめた経験がある。1990年代末、井阪氏がその年の冷やし中華を提案したが、鈴木から何度もダメ出しを食らう。数えると11連敗だ。

3月には売り始めたいと店舗からクレームが来る。窮した井阪は鈴木に「一番おいしいと思う中華料理はどこですか」と尋ねた。すると鈴木は東京・神保町の中華料理店の名前を告げる。井阪は原料メーカーなどチームを引き連れ、その店の冷やし中華を食べた。

確かにおいしい。しかしこの食感をどう出せばいいのか？　それには定性的な感覚の定量化が欠かせない。弾力と硬さのバランスが大事で、程よい麺作りを何度も試作し、神保町の店のような商品が完成した。鈴木からOKが出て、ようやく冷やし中華がセブンイレブンの店頭に並んだ。

井阪はこう振り返る。「ベンチマークを決め、そこに向けて開発するスタイルを鈴木名誉顧問から学んだ」。今のセブンの冷やし中華は当時の製法がベースになっているという。

鈴木は常々、日清食品HD社長の安藤宏基やサントリーHD会長の佐治信忠らにこんな言葉を投げかけていた。「最高の技術で最高の商品を作ってほしい。値段は問わないから」。おいしいものの追求。これはイトーヨーカ堂の創業者の故・伊藤雅俊も同じ姿勢だった。ところでセブン流の「おいしさ」とは何だろうか？　決して高級料亭のような独特の味ではない。万人がおいしいと感じ、食べ続けられる味を意味する。

少し本論から外れるが、『好き嫌い』（早川書房）の中でこんな表現がある。「食べた記憶がうすければうすいほど、それだけ飽きがこない」。有名店の味は逆で記憶に残る。人気の日常食とは絶妙な味覚体験の提供が欠かせないわけだ。

ちなみに日清食品HD社長の安藤は著書『カップヌードルをぶっつぶせ！』に似たような文章をつづっている。「創業者の安藤百福は、常々こう言っていた。『食品はおいしすぎてはいけない。少し余韻を残すことによって、再購入につながる』」

まさにPBのセブンプレミアムやセブンプレミアムゴールドにおいしさ哲学は塗り込まれている。個人的には2013年に発売した「金の食パン」に驚きを覚えた。通常はメーカーが既存品のプレミアム化を始めるが、金の食パンは小売り主導で高付加価値市場を切り開いた異例のケースだった。

セブンイレブンは当時、再成長を始め、金のシリーズやセブンカフェなどヒット商品も目立つ。セブンをベースに百貨店、スーパー、専門店と総合生活産業を目指し、鈴木は絶頂期だった。無敵感が漂い、こんな強気の言葉を残している。「(ダイエーの)中内㓛さんは大量生産時代の価格破壊者。質が高いセブンこそ、現代の価格破壊者だ」と。

挑戦しないと見放される

鈴木は2016年に会長を退任するが、2018年にはセブンイレブンが2万店に達し、2019年には沖縄にも進出する。さて2024年8月のインタビューに戻り、近況や経営者としての心構えなどを聞いた。

――国内で2万店を超えました。一番の理由は何ですか。

「かっこよく言えば、先を見て先の変化に合わせたこと。真似はしなかった。世の中の変化にどう合わせるか。変化は自分で作ることはできない。社会を色々な角度で眺めることが大事だ」

――人のことが好きなのですか。

「小さいときからあがり症で、小学生のときに本は家で読めても学校で当てられると上手く読めなかった。気が小さかったのかもしれない。人の話を聞くより自分で考えている。結局は自分で納得できるかどうかだ」

――2016年まで会長務め、コンビニは完成させたとか思いましたか。

「あまりそのようなことは考えていなかった。自分の考え方に自信を持てるかどうか。米国の役員会議に出ても、彼らが納得してくれるかどうか。納得するまで言い続けたこともあった。日本でも」

――最近セブンイレブンには行っていますか。

「家の近くに店があるから。普通のセブンで扱っている商品の幅は決まっていて、大体おいしい。なんでこんなのを出しているのかと思うことはある。でも今の経営に対していちいち文句は付けない」

――今の世の中をどのように見ていますか。

「もっと一人ひとりが個性を出したら良いと思う。挑戦が足りない。セブンイレブンにのみならず、何に対しても。僕は全部挑戦だった。みんなが求めるものは新しいもの。人の真似ではない」

――基本の徹底との言葉をよく聞きます。今のコンビニはどう映りますか。

「基本がしっかりしていれば続く。基本は何だといったら、皆に受けるかどうか。今のセブンは挑戦意欲がだんだん衰えてきている」

――挑戦しないと他の企業から買収を受けてしまうのでしょうか。

「挑戦しないとお客から見放される。会社の価値も落ちる。イトーヨーカ堂など全部同じ」

トップは最高の広報マンでなければいけない

――今の楽しみは何ですか。

「ゴルフはやめた。楽しみって何だろうね? あまりそのようなことは考えたことないね。食欲は普通にある。現役のときとは違うけど。最近は朝毎日、プールで30分歩いている。プールは泳ぐより歩く方が健康には良い」

――鈴木さんは現役時代によく広報部のあるフロアへ降りてきていましたね。

「昔は広報に毎日行っていた。夕方になれば広報の部屋に行って新聞を読んでいた。読みながら広報の話を聞いていた。僕ほど広報に出入りしているトップはいなかったよね。トップは最高の広報マンでないといけない」

鈴木も91歳。かつてのような柔軟な語り口は少なくなったが、今回のインタビューでは「自分が納得するかどうか」「挑戦しているのかどうか」を何度も企業経営や世界戦略における要点だと繰り返した。クシュタールによる買収提案の行方は予見できないが、独自に競争力を高め続けることこそがセブン＆アイの企業価値を高めることにほかならない。

鈴木が「トップは広報マンたれ」というのも実に意義深い言葉だ。経営者が部下に任せるのが仕事で、担当からの情報・分析を重んじる。しかしそれでは時に「裸の王様」になり、時代からずれていく。鈴木が広報を重視したのは、忖度《そんたく》しない様々な外部の情報や意見が集まり、世の中がいつも変わりゆくことを肌で感じたいという意識が強かったからだろう。

かつてカルビーの会長を務めた松本晃もそんなスタンスだった。会社に行くことは少なく、小売店を回り、世の中の雰囲気を常に体感することを優先していたからだ。

鈴木はまさに世間の感覚、消費者心理・行動のありようを見極めようとしていた。セブン＆アイＨＤには様々な鈴木の金言やそこから派生する「セブンイズム」が満ちている。その一端を披露しよう。

鈴木氏の「金言」

おいしいものほど飽きる

とても逆説的な言い方だが、おいしいからこそ、食べる頻度も上がり、飽きられてしまう。このためセブンイレブンの商品は年間で7割程度が入れ替わる。おにぎりや弁当などデイリー商品は年1回を目安にリニューアルされる。

単品管理は3つを知る

3つとは店、お客様、商品のこと。そこには消費トレンドや天候、地域ニーズなど様々な要素が絡み合い、考え抜いた上で発注するということだ。鈴木は仮説と検証の繰り返しと言い続けてきたが、仮説とは「売る意思のこと」と定義している。

季節の変化、気温の変化より先に嗜好の変化が始まる

例えば冷やし中華。3月になると三寒四温で気温が乱高下する。15度から翌日に20度に上がったり、逆だったりするが、20度だとまだひんやりする。しかし相対的には暑くも感じ、そろそろ冷やし中華が食べたくなるというわけだ。また夏でも少し気温が下がると、熱いラーメンやおでんが食べたくなることも。そんな感覚を忘れてはいけないということだ。

ストッキングを購入する人は、ストッキングが欲しいだけではなく、履き替えたいというニーズがある

セブンイレブンのトイレにはまさに着替え用のチェンジボード（踏み台）を備え付けているケースがある。例えばストッキングが伝線すると、少しくらいなら放っておくだろう。しかしボードがあれば、購入する可能性が高まる。モノではなく、サービスを売る意識も大切だ。

価格設定を松竹梅にすると、竹が一番売れる

値段が高い商品と低い商品を設定すると、人は迷い、どちらかというと低きに流れる。しかし選択肢を3つにすると心理的に「程よい」真ん中の竹を選びやすくなる。買い物とは選び面

白さを味わうこと。品ぞろえのうまさは人気店の秘訣でもある。

昔の消費は富士山型、少し前は茶筒型、最近はペンシル型

これは消費サイクルのスピードの例えだ。富士山型のヒット商品は、なだらかに販売量が上昇し、ピーク（頂上）に向かっていく。そしてなだらかにピークアウトしていくパターンだ。茶筒型はすぐに売れ始め、ピークに達する。しばらくヒットは続き、飽きられると一気に売れ行きが落ちるパターン。

そしてペンシル型。ヒットするとやはり売れ行きは急上昇するが、ピーク期間はペン先のようにほんの一瞬。ピークアウト後は急減していく。まさにデジタル消費時代の特徴と言える。鈴木はペンシル型を意識したケースとして金の食パンを引き合いに出す。

金の食パンはおいしいので、すぐに飽きられる。鈴木の回想によると、自信の商品だけに「販売促進に力を入れろ」というのが月並みな指示だが、鈴木は「すぐにリニューアルに着手しろ」と指示したという。金の食パンは累計販売数約1億6000万個とロングセラーとなる。複数の「鈴木マーケ理論」を掛け合わせたヒットと言える。統計データと消費者心理、そして変化・生成を繰り返す社会への読み。セブンイレブンはこんな要素でできあがっている。

第11章

セイコーマートの「衰退戦略」

セブン－イレブン・ジャパン、ローソン、ファミリーマートの3社で市場の90%を占有するコンビニエンスストア。再編と激烈な出店競争がもたらした寡占マーケットだが、独自路線を歩むのが北海道のセコマ（札幌市）が運営するセイコーマートだ。

人口減に伴う国内市場の成長鈍化でグローバル競争も加速するなか、セコマはどちらかというと逆・セブンイレブン型の戦略をとる。我が道を行くセコマの世界を社長の赤尾洋昭のインタビューを中心に伝える。

北海道の人口より多いカード会員

セコマの誕生は1971年で、コンビニとしてはセブンより3年先輩だ。「日本で現存する最も古いコンビニのひとつ」と称している。北海道が地盤で約1200店を展開する。道内179市町村の大半に出店して人口の99・8%をカバーし、セコマを訪れる1日の買い物客は約56万人に達する。2000年にコンビニで初めて導入したカード会員組織「クラブカード」の会員数は約560万人と、北海道の人口より多い。

セコマの前身は卸売業の丸ヨ西尾だ。営業担当だった赤尾昭彦が大型スーパーの成長で個人商店が減少すると予測し、酒販店の近代化に向けてコンビニ事業に進出した。一介のサラ

1
2
3
4
5
6
7
8
9
10
11

セイコーマートは独自の店舗運営を重ねてきた

1971年	札幌に1号店開業
81年	道内100店に
87年	埼玉県に進出
88年	茨城県に進出
94年	道内500店に
	店内調理を開始（当初の名前は「そば弁亭」）
2000年	離島（利尻島）に初出店、クラブカード開始
04年	西日本地区から撤退
10年	道内1000店を達成、「ホットシェフ」導入は600店に
16年	社名をセイコーマートからセコマに変更
20年	創業者の長男の赤尾洋昭氏が社長就任
23年	JR東日本のグループ企業と協定締結（地域産品の相互販売や開発目的）

リーマン社員がコンビニを別部門として立ち上げた生い立ちだけ見ると、イトーヨーカ堂役員だった鈴木敏文氏が主導したセブン―イレブン・ジャパンと似ている。その後は逆の道を歩んでいくが、詳しくは本章の後半で。ちなみにセイコーマートの語源は「成功」だという。

危機意識が生んだ独自モデル

——最古のコンビニとしての自負はありますか。

「あまりないかな（笑）。確か1990年代には全国に200チェーンほどあったけれど、今は10ぐらいしかない。そこで生き残れたのは良かった。理由は独自性を打ち出したことだ。1970年代後半以降にセブンイレブンやローソン、サンチェーン（後にローソンと合併）が北海道に進出し、危機感が生まれた」

「当時の感覚では、メーカーも規模の大きい全国チェーンを優先して、当社の仕入れは難しくなる。それで同じことをやっていたらマズいと思ったのだろう。（赤尾の実父で創業者の）先代は夜が怖くて、眠れない日々が続いたと聞いている」

もともと食品卸が母体のセコマは23カ所の食品工場、7カ所の農場、水産加工会社などを抱え、川上から川下までサプライチェーン（供給網）を築く。野菜は自前で4分の1をまかなう。

あかお・ひろあき
1999年一橋大学商学部卒、2004年セイコーマート（現セコマ）入社。2006年取締役、2016年副社長、2020年から現職

物流網も独自に築き、売り上げのPB（プライベートブランド）比率（たばこ除く）は約50％と高い。日本でも英国のように小売業の集約化が進むと予見し、危機意識から全国チェーンと異なる運営モデルをつくり上げた。

80点の設計で飽きさせない商品づくり

セイコーマートに足を踏み入れると、総菜の充実ぶりに目を見張る。1994年に始めた店内調理「ホットシェフ」コーナーにはフライドチキン、カツ丼、親子丼などがぎっしりと並び、1人用のパスタ、北海道の名産物、ワインなど生活品からお土産まで幅広く置かれている。

──商品づくりで重視していることは。

「日常的に利用されるため、品質の平準化が欠かせない。80点の設計で80点をとることが大事で、たまに100点が出てしまうのはNGだ。毎日食べるものだから、家庭料理に寄せようと味は薄めにしている。他の小売りでは最初のインパクトを重視するが、セコマは逆にインパクトを弱く、飽きのなさを心がける」

「商品部のバイヤーは本当に育ってきている。例えばマニアックな中華料理好きのバイヤーがいる。わざわざ調理学校で学んだり、そこのお弟子さんの店を回ったりとか。道内の就職先

「ホットシェフ」には弁当、揚げ物など総菜類がぎっしり並ぶ

が限られるせいか、セコマには北海道大学の理系出身者もやってくる。おかげで人材もしっかりと育っている。地の利だろう」

「基本的に食は会長（丸谷智保）の担当で、私は出てきたものに文句を言うぐらい（笑）。大事なのは経験だ。細かい失敗はした方がいい。とんがりすぎているとかね。例えば商品部のつくったマーボー豆腐を辛めに仕上げた結果、顧客には激辛だった。それでクレームが来るのだけど、リピート率も高い。飲食したときに『うわ、まずい』と『これ、好き』に分かれることも大事だ」

――コンビニの経営環境は激変している。目下の経営課題は何ですか。

「インフレというか、価格もコストも動いていく。経営計画を策定するとき、以前なら電気

セイコーマートはコンビニ大手と異なる強みを持つ

北海道は Seicomart

99.8%

道内人口カバー率

カード会員は道内人口を
上回る560万人規模

約50%

PB売上比率

食品や水産加工の拠点や農場を持ち、
牛乳などは道外へ供給して稼ぐ

80点

商品づくり

「80点の設計で80点をとる」。

インパクトや100点ばかり狙わない

約80%

1191店の直営比率（24年8月末）

祖業は卸、酒販店の
近代化へコンビニ開発

9年連続 首位

日本版顧客満足度指数のコンビニ部門（サービス産業生産性協議会の調査）

自動化より、リアルな接客を「買いに来てもらう」。
商品部バイヤーもマニアックに育成

グループの北栄ファームが手がけるジャガイモ畑（北海道京極町）

代、原料費、人件費などは動かないものだった。今は逆で商品の内容に大きく影響していく。やはり価格感覚は大事で、売れない商品が増えるとか、代替の原料をどうするかとか対応していく必要がある」

「北海道にも（ディスカウントストアの）ロピアが出てくる。地元スーパーは動向を気にしている。セコマも店内調理のホットシェフは大丈夫だが、飲料などは影響を受けるだろう」

――価格以外にどう対応していきますか。

「オリジナル商品を強化することだ。北海道の特徴を生かし、産地と結びついた商品を増やしていく。道内でも『どこどこ町産のもの』はその地域でよく売れる。日本全体でも商品の販売・開発で地域を強調する動きは強まっている。実は米国、英国でもローカルを前面に打ち出すケースは増えている」
北海道は日本全体より人口減などが急ピッチで進む。どんな形で成長や活力を維持するのか。一つは「輸出」だ。2024年は牛乳、アイス、サワーなどの食品で約80億円相当を輸出する。そもそも卸売業でもあり、2015年に東京事務所を立ち上げて売り込んだところ、北海道豊富町の牛乳が大人気に。今ではキャパシティー（生産能力）がいっぱいだ。今後も年間10億～15億円のペースで増やしていく方針だ。

地域のインフラ店舗として残る「共衰」

セコマとセブンイレブンは創業の構図が似ていて、原料からものづくりを進める商品政策も共通している。しかし他の要素を見ると逆の戦略が目立つ。セブンイレブンの親会社が米の同業大手を買収するなどグローバルプレーヤーを志向するのに対し、セコマはあくまで地域や店舗との共生を貫く。

コンビニ大手3社の店舗はフランチャイズ中心なのに対してセコマは直営店への切り替えを進め、直営店比率が約80%に達している。単独の店舗だけで解決できない地域課題も多く、共生による生き残りを目指す。このため北海道の人口減への対応について「地域おこし」ではな

セイコーマートは道内各地に関連する品ぞろえも充実させている

く、「地域のこし」などと言い換えている。

——成長戦略についてはどう考えていますか。

「あと100店ぐらいは都市部を中心に出店余地がある。そして道内で1200店規模に達してから、地方の人口減に応じて店舗統廃合をしながら減っていくシナリオだ。成長ってどこまで必要なんだろうか？　とりあえず顧客、従業員、取引先がうまくやってもらえればいいというスタンスだ」

「もちろん店舗などの再投資に必要な利益確保は欠かせない。いわば一緒に衰退する。共生ではなく、『共衰』かな。地域としっかり向き合えば、衰退も緩和できるという意味だ」

これまで以上に地域を深掘り

共衰というのはネガティブな表現だが、これまで以上に地域を深掘りするという意味だ。セコマ会長の丸谷は2023年に日本経済新聞の夕刊コラムでこう記している。

「北海道の人口は2050年には374万人と予測されており、実に商圏人口が28%も減ってしまうのである……最も人口の少ない音威子府《おといねっぷ》村は662人である。一般にコンビニの必要商圏人口は3千人といわれるが、その4分の1にも満たないこの村にセイコーマートの店が有る。人口は開店当初の半分に減ってしまったが、今もしっかり営業し地域のインフラ店舗になっている」

セコマの丸谷智保会長

「実際はマーケットはとても深い。商圏は平面に住む人口の多寡ではなく、いかにそのマーケットに浸透しているかによって変わってくる。500万道民が毎日来店してくれれば年18億人を超える。あれ？ それって中国の人口よりも多い？ マーケットは2次元ではなく、3次元なのだ。狭いマーケットも掘り下げれば深くなる。グローバルに拡大する戦略も立派だが、ミクロやナノの世界もまた無限である」

絡み合う合理性と非合理性

確かに人手不足は悩ましい。今後は待遇改善を含め、人の雇用は難しくなる。それでもセコマはぎりぎりまで接客を含めリアル店舗と人にこだわる。理由は「顧客は接客を買いに来ている」（赤尾）ためで、天気の話やあいさつにもお金にならない大切な価値があるからだ。再び、赤尾のインタビューに戻ろう。

――セコマの考える未来のコンビニとは何ですか。

「しばらくは今の形で残るでしょう。この2020年は物流コストが安かったが、今や送料無料も維持できない。すると今後どこまでネット通販が伸びるのか。送料込みの値段だとネットで（安いからと）すべて買うようにはならない。一方、自動運転などが実用化すれば、物流や小売り分野で大変革が起きるかもしれない。そんなことも視野に入れる必要がある」

そもそも米国のコンビニも地域の生活者ニーズを満たすために誕生したローカルな小売店だった。しかし1970年代以降、百貨店、スーパーに続き、コンビニが新たな小売業態として世界的に広がる。そして2024年にはセブンイレブンの「争奪戦」が起きるなど、グローバル化も加速した。

一方で、セイコーマートのような超ローカリズムを追求する動きがスーパーを含め小売り全体で強まっている。eコマースも含め、多様化する消費チャネル。便利さ、値ごろ感、なじみ、意識変化など合理性と非合理性が絡み合いながら、生活インフラ経済の覇権争いも変転していく。

対談

「コンビニ社長×コンビニ人間」

セブン―イレブン・ジャパン元社長
古屋一樹氏

小説家
村田沙耶香氏

撮影／文藝春秋写真部

むらた・さやか　1979年千葉県生まれ。小説家。玉川大学文学部卒。2009年『ギンイロノウタ』で野間文芸新人賞受賞。2013年『しろいろの街の、その骨の体温の』で三島由紀夫賞受賞。2016年『コンビニ人間』で芥川賞受賞。著書に『マウス』『星が吸う水』『ハコブネ』『タダイマトビラ』『殺人出産』『消滅世界』『生命式』『変半身』『丸の内魔法少女ミラクリーナ』などがある。

ふるや・かずき　1950年神奈川県生まれ。1973年明治学院大学商学部卒、1982年セブン―イレブン・ジャパン入社。2000年取締役、2009年副社長。2016年5月社長。2019年～2020年会長。

『コンビニ人間』

36歳の主人公、古倉恵子は独身で恋愛経験なし。コンビニで18年間バイトで働いている。幼い頃から世間とずれており、家族の心配の種となっているが、マニュアルに基づいて仕事をするコンビニ店員でいるときだけは「世界の正常な部品」でいられると感じる。コンビニを舞台に、家族や結婚など様々な世間の常識に疑問を投げかけた作品。

小説『コンビニ人間』で芥川賞を受賞した村田沙耶香さん。18年間のコンビニ勤務の経験があるだけにストーリーの面白さとともに、コンビニ愛が半端ではない表現に満ちている。そんな村田さんと最大手のセブン―イレブン・ジャパンの古屋一樹社長に対談を、「日経MJ（流通新聞）」2016年10月5日の紙面に掲載した。題して「コンビニ人間×コンビニ社長」。一風変わったコンビニ物語を、ここに改めて再掲したい。（司会は当時の日経MJ編集長・中村直文。表記などは原則当時のまま）

オープニング店、白紙の楽しさ

場所は東京・二番町にあるセブン&アイ・ホールディングス本社。お二人は初対面で、対談は緊張気味でスタートした。

古屋氏 ストーリーもさることながら、本当に店員さんたちの動きの表現が緻密で。さすがです。最後はあの変わった登場人物と主人公が結婚してしまうんじゃないかと思って（笑）社員も楽しく読んでいました。

村田氏 ありがとうございます。

古屋氏　仕事目線で読むと、話題性のある商品は上に置かないといけないとか、気温が高いからアイスは氷菓が売れるとか、あんな気の利く店員さんがいたら店は繁盛しますね。

村田氏　主人公の古倉さんは優秀な店員にしたいと思っていたので。自分自身、色々なお店で働き、蓄積があるのでお店や彼女の設定を細かく考えて描けました。

古屋氏　我々が店で目指すのは全員参加型です。レジや店内作業だけではなく、できる限り多くの従業員に発注をしてほしくて。するとお客様への関心も高まるし、注文した商品が売れると楽しいですから。

村田氏　以前セブンイレブンの都内の店で働いていたときに、発注を学びました。

司　会　コンビニの仕事の醍醐味は何ですか。

村田氏　大学時代に別のチェーンのオープニングストアで働いたのがきっかけです。社員さんが本社から来て、トレーニングなどをしているうちに店がどんなことを（自分に）求め、どんな店を作りたいのか、初日はどう盛り上げるのか、そんな気持ちが伝わってきました。レジも一から学べて、それで好きになりました。

古屋氏　確かにオープニングの店はベテラン店員やオーナーの色がなく、白紙の状態だから楽しいですよ。本にもそんな流れがありますね。

村田氏　接客が好きなんです。繁華街の店で働いたときは酔っているお客さまも多かったのですが、今はオフィス街でしらふの方ばかりで。コンビニをやめてファミリーレストランで働いた経験があったのですが、向いていなくて。不器用でパフェとかを作るのが苦手でした。

国籍・年の差超え仲間に

司　会　主人公ほどではありませんが、世間の流れからずれていた感じだったのですか。

村田氏　古倉さんと私はかなり違う性格なのですが、とても内気でした。でもコンビニで働くとそうは言ってられません。特にオープニングは遠くまで聞こえるように声出しの練習などをして、内気さは多少克服できた感じがしました。

古屋氏　私もこう見えて内気で、社会に出ると人前で話すように自分を演出しないといけない。コンビニでバイトすると学生のアルバイトも自分の潜在的な能力を発見しますから。

村田氏　全然年が離れている人、国が違う人ともみんながフラットに仲間になれる場所です。

司会　小説にもそんなシーンがありますね。性別、年齢、国籍に関係なく同じ制服なら、すべてが店員と。

村田氏　人間関係の垣根を越えて、例えば今日は「ブラックサンダー売るぞ」とか、一丸になってがんばることが部活みたいな感じで楽しかったのだと思います。

司会　コンビニ人間のきっかけとなったエッセーの一文が「私を人間にしてくれた」です。本来はシステマティックなコンビニですが、そこで人間になれたという逆説が面白いです。

古屋氏　店という1つの器で同じ目的で色々な役割を果たしながら同じ思いで進んでいきます。普段話すことのない年配の人や外国の方とコミュニケーションをとりながら。

村田氏　最初は店長で始まったのですか。

古屋氏　私は32歳でこの会社に入りました。ある程度の社会経験を経て入ったわけですが、入社2〜3年目の店長から「トイレ掃除をして下さい」とか、少し抵抗もありました。でもどんなキャリアを積んでいようが、まずは店を理解することが大事です。

村田氏　社長も店員の経験があるのですね。

古屋氏 アイスクリームを売ったり、カウンターでお薦めしたりね。だから店舗を回るフィールドカウンセラーには店舗のことを忘れないように定期的に店に入るようにしています。基本は現場からです。

村田氏 それは素晴らしいですね。店舗を回るスーパーバイザー（セブンではフィールドカウンセラー）には優秀な方に恵まれてきて、アルバイトには優しかったです。「村田さんは前は違う店にいましたよね」とか話しかけられて。店長は時にすごく怒られていましたが。

古屋氏 フィールドカウンセラーは2600人ぐらいいます。店長やオーナーにだけ話すのではなく、パートさんの名前を覚えて「弁当の発注がうまくいっていますね」などと声をかけてほしい。褒められるとうれしいですから。

村田氏 ある都内の店ではグラフを出していました。1年たってからは「村田さん、新商品の売れ行きがいいよ」と言われるとうれしかったです。（発注が）失敗してしゅんとしていると「俺があおって100個も発注させちゃったから」と慰められて。

もちろん売れると思っての結果なんですが。全然売れなくてすごい廃棄が出て、ゴミ袋がいっぱいになったときの絶望感といったら…。それでも失敗したら失敗なりの絆が生まれて、「怖がらず次も発注しよう」と。

古屋氏　そう、いい店は小説にも出ていたように何かを１００個売る日だと目標を作ります。カウンター商品などは「おいしいですよ」と声をかけるとやはり買ってくれますから。

村田氏　「できたてですよー」とか。

古屋氏　最近はお年寄りが増えたとは思いませんか。

村田氏　そうですね。最近は野菜がすごく売れるようになりました。今働いているお店はオフィス街ですが、お年寄りが増えています。以前は若い人が多く、年配の方は「コンビニは高い」などとおっしゃっていましたね。

人と密に、自販機じゃない

司　会　コンビニはどう変わっていますか。

村田氏　お客様との距離が近くなっているような気がします。昔は自動販売機のような役割を求められていたような気がしますが、今は違ってきています。最近は毎日来る方が「今日もありがとうございます」とか、祝日に働いていたら「僕も休日出勤なんです」とか声をかけられることが多くなっています。

古屋氏　もうその通り。自由に欲しいモノだけを買うのがコンビニです。一方で今は7割が固定客なんですね。セミセルフという言葉を使いますが、自由な買い物に加えてカウンターでちょっとした会話も求められています。お年寄りなんかそうですね。

村田氏　お薦めなんかも聞かれることが増えているような気がします。ファストフードなんか「どれがおすすめですか？」と言われると、つい自分が好きな商品を伝えてしまいます。（笑）

衝動買い起こしたい

司　会　小説に「コンビニは事務的に必要な物を買う場所ではなく、好きな物を発見する楽しさや喜びのある場所」という表現がありました。

村田氏　目的買いと衝動買いの両方を満たす発注をするように強く教わりました。今でもそれが頭に残っていて、衝動的に何か買うような楽しい場所であってほしい。お昼休みの限られた時間だったら、なおさらおいしいお菓子を買えるといいですよね。

古屋氏　コンビニでの顧客の平均滞在時間は約3分です。コンビニはのどが渇いたからジュースとか、目的買いが一番です。それでも新しいアイスやお菓子などの楽しいPOPを作ってあげると衝動買いが生まれます。

もちろん全国共通のPOPを作りますが、書店のように店員さんの選んだナンバーワンと書かれると臨場感が生まれます。何でもありではないですが、成績の良い店は積極的です。

村田氏　前に在籍した店で美術系の学校に通っている女性がいて、その方のPOPが本当にうまくて。とても売れるんですよ。他の店の方がコピーしに来るくらいでした。

「使われ方、個店ごと」

古屋氏　今の女性客比率は平均で48%で、店によっては60%に達しているケースもあります。本当に個店ごとに使われ方が違うと思うでしょう。

村田氏　今の店は小学校近くで、PTA需要が時にどっと来ます。以前勤めていた繁華街の店ではクリスマス時に1万円もする大きなサンタクロースのブーツがどんどん売れていきました。どこの店も飾り用として置いているだけだったのですが、目を引くので、「わあ」と喜んで何度か買ってくれました。

古屋氏　例えば（セブン本社近くの）麹町では平日はオフィス勤務者の需要が中心、土日はマンション在住者。足立区や葛飾区になるとお年寄りが多く、売れるお弁当やおにぎりの種類も違ってきます。

村田氏　そうですね。昆布がすごく売れる店があれば、焼き肉系がやたらと売れる店もあります。

司会　コンビニはここ20年で大きく進化してきました。仕事も煩雑になった印象です。

村田氏　クリーニングやコーヒーマシンなど徐々に入ってきたのでなんとか覚えました。でも、クリーニングの入会手続きはいつまでたっても覚えられなかったです。

古屋氏　お客様へのサービスはどんどん変化しますが、加盟店のスタッフの作業が複雑になるばかりだったら、コンビニビジネスはうまくいきません。コーヒーはセルフにして、サービス料金の支払いも1つのパターンで対応します。それからカウンター商品が増えていますが、揚げる機械の清掃が大変です。今年から食洗機を導入しています。

司会　コンビニも人手不足が問題です。

村田氏　最近は外国人の店員さんが増えています。かつては中国や韓国の方が中心でした

古屋氏　が、今はミャンマーやベトナムの方々など広がりました。
確かに有効求人倍率は高まっています。しかしセブンだけで見ると雰囲気の良い店は定着します。働きたい人は事前に店を見て、決めますから。店長の性格によってもね

村田氏　どっと辞めるとか。生々しいことも…。人望のあるパートさんが辞めると、一緒に辞める人もいました。

「働く喜び伝えたい」

司　会　最後にコンビニの課題を。

村田氏　コンビニの課題というより、自分の課題なのですが、新しい人を育てることに、なかなか慣れません。主人公の古倉さんもそうですけど。新人さんに教えるだけでなく、働く喜びを伝えることや、海外からやってきた右も左も分からない人にお客様が喜んでもらえるコツを教える人になりたい。

古屋氏　一生コンビニで働いていただけるみたいですけど。（笑）

村田氏　できれば、はい！。

古屋氏　またパート2を書いて下さい。

司　会　最近も働いているのですか。

村田氏　この間、久しぶりに入りましたが、体がなまっていたのがショックで。納品スピードが落ちていて、それはちょっと反省しました。（笑）

対談を終えて

小説「コンビニ人間」。面白さの1つは周囲の常識について行けない主人公がコンビニというシステムにして、マニュアルの塊に人間としての生きがいを見いだした逆説的な構図にある。村田さんは主人公の古倉さんほどではないが、話しぶりから本当にコンビニに生きる喜びを感じてきたようだ。

ちなみに最大のコンビニ人間と言えば、セブン—イレブン・ジャパンを作った鈴木敏文氏だろう。世間の見方に反旗を翻し、コンビニを導入。創業後も成功は難しいと否定的な見方をされる。それでも「消費者が便利を追求する以上、必ず根付く」と確信、コンビニ世界を広げた。

古屋社長は「(鈴木氏は) 土日はセブンでお買い物。平日のお昼は新商品の試食。まさにコンビニ人間。そう言うと怒られるのでコンビニの神」と笑う。

そんなコンビニ人間(神?)の鈴木氏が一線から退いた2016年。村田さんのコンビニ人間が芥川賞を受賞し、世間の話題になったのも不思議な巡り合わせだ。異端児と、その創造物であるコンビニで紡ぎ出されたメガヒット小説。世界の懐の深さを感じてしまう。

対談で村田さんはさすがに小説家らしく、コンビニはかつての自動販売機のような役割を求められていたが、今は違ってきたと分析。コミュニケーションの場としての役割などが今後高まる。廃棄物問題など課題は多いが、コンビニは新たなステージに入ったのかもしれない。

(日経MJ編集長　中村直文)

エピローグ

「経営学の父」ともいわれたピーター・ドラッカーは1980年代から1990年代にかけて何度かイトーヨーカ堂本社を訪れ、社長の伊藤雅俊らと交流を深めた。1990年の「〝新しい現実〟の到来」と題した講演ではこんな言葉を贈った。「ヨーカ堂グループに敬服する点は、小売業の主流から落ちこぼれるはずだった個人的な商店に、商売の主流に乗る方法を提示したことです。これは偉大な社会革命といってよいでしょう」

言うまでもなくこれはヨーカ堂の子会社だったコンビニエンスストア「セブン―イレブン・ジャパン」への賛辞の言葉だ。伊藤とコンビニの父といわれた鈴木敏文はさぞかしご機嫌だったことだろう。その日から30年以上が過ぎ、2023年にはセブン―イレブン・ジャパン創業50周年を祝う記念式典を開催。社長の永松文彦は次世代店舗などに関する構想を披露し、式典後の懇親会でセブンイレブンの生みの親である鈴木敏文が「世界へ羽ばたいてほしい」とあいさつした。会には「赤坂の店のユーザー」という当時の首相の岸田文雄まで登場し、約700人が参列したイベントは和やかなムードに包まれた。

翌2024年には1号店オープンから50年を迎え、横浜市でオーナーを囲む記者会見も開かれた。思い出を語る山本憲司は涙ぐみ、社会インフラとして成長した先駆者の苦労がしのばれた。

セブンがここまで成長できたのは企業努力もさることながら、海外に大きなお手本があったことや、政治的・社会的なアシストがあったことも否めない。法政大学名誉教授の矢作敏行は著書の『コマースの興亡史』で「使い物にならない米国モデルを日本で独自につくり変えたのは自分たちだと主張していることになる……しかし米国から学んだものは決して少なくなかったと、指摘しておきたい」と表記している。

商標、コンビニの業態コンセプト、フランチャイズ会計方式、鮮度管理、品ぞろえは経営の柱で、コンビニも例外なく、米国から学んだキャッチアップ型発展と見るからだ。

いずれにしても米国型モデルを「翻訳」し、日本に巧みに定着させたのは間違いない。そして様々な規制がコンビニの成長を後押しした。まずは大型店の出店規制だ。政府は1974年、中小零細の小売店を守るため、大規模小売店舗法（大店法）を施行した。この流れを踏まえ、小売り各社は「中小小売店の活性化と近代化」「共存共栄」を掲げ、コンビニ経営に乗り出した。

規制強化を逆手にとって誕生したコンビニだが、1990年代からは規制緩和が追い風になる。代表的なのが酒類やコメ販売だ。大型店やチェーンストアで売りやすくなると、多くの酒販店や米穀店がコンビニオーナーに転身。コンビニは担い手と買い手を引き寄せた。1990年代末には栄養ドリンクが加わり、2002年銀行法改正でセブン銀行がスタート。まさにドラッカーが「コンビニが商店を生まれ変わらせた」と見た世界の到来だ。

もちろん経済・社会のニーズも後押しした。今ではおなじみの電気やガス代の支払い、そして1980年代に一気に広がる24時間営業だ。ニッポン株式会社は絶好調で、栄養ドリンク「リゲイン」のCM通り「24時間、戦えますか」状態。ここでコンビニは弁当、総菜など主力商品を柱とした24時間供給体制を完成させた。

いったん失速したかにみえた2000年代も「規制」に救われる。たばこだ。2008年に自動販売機用の成人認証カード「タスポ」の導入が始まると、喫煙者は個人情報を登録されることなどを嫌い一気にコンビニへ。売上高に占める比率は15％程度から、5年で25％を超えた。当時、コンビニ4位のサークルKサンクスは30％超と「たばこ屋になった」と皮肉られた。

日本のコンビニ史を振り返ると、規制改革と社会・経済の変化への対応が成長の源泉になっていたことがよくわかる。

だが追い風もやみ、近年は国内については拡大一辺倒の経営から持続性を重視する方向にかじを切ろうとしている。チェーン経営は安価で、豊富な労働力があってこそ、成長できる。しかし人手不足が深刻化し、加盟店オーナーの働き方改革も欠かせない。規制の変化を追い風にしてきたが、今後は廃棄物の抑制や環境対策など「社会的な規制」圧力が増していく。実際に深夜勤務の減少や高齢化に伴う朝型志向が強まり、24時間営業の必要性も薄れていく流れにある。まさにセブンを称賛したドラッカー氏の指摘する「新しい現実」が起きているのだ。

市場が飽和かどうかはまだ分からない。ただし大手3社を見ると、かつてない状況に直面しているのは確かだ。セブンイレブンの持ち株会社セブン&アイ・ホールディングスが2024年8月にカナダの同業から買収提案を受けたのは衝撃だった。コンビニのグローバル戦略を進める矢先のことだが、国内市場の低迷が一因になった。

2位以下はそれを見越したように目先の成長戦略から構造改革に動き出している。ファミリーマートは2020年に伊藤忠商事が完全子会社化。そしてローソンも2024年8月にKDDIが50%出資し、三菱商事との共同経営体制に移行した。

2024年9月18日に3社が記者会見し、デジタルトランスフォーメーション（DX）を活用した次世代型コンビニ作りを宣言した。具体的にはKDDIが持つ通信技術などを使って、コンビニ店舗の運営にかかる作業時間を2030年度に従来から3割減らすことなどを柱としている。

「人手不足を迎える中、店舗や業務の最適化は待ったなしだ」。ローソン社長の竹増貞信は強調した。これまで従業員が人手で対応していた業務をロボットなどで代替できるようにするという。例えば飲料を陳列棚に並べる品出し用のロボットや、来店客が専用のアプリで商品のバーコードを読み込むと決済まで完了するスマホレジを想定しているという。

いささか近未来的すぎる印象だったが、過去の延長線上でコンビニ経営を語れないことも間違いない。50年前のように「常識」を超えた戦いが始まっているようだ。

あとがき

　一獲千金を夢見てコンビニに身を投じたオーナーや事業家、将来性を感じ、入社した社員、技術力を見込まれて取引を求められた農家、人気食品の工場、物流の最前線、コンビニを舞台にユニークな作品を描いた小説家……。今回数多くの関係者へのインタビューを敢行すると同時に、記者として、編集委員として、日経ＭＪ編集長として蓄積してきた取材からコンビニ全史という1冊の本を書き上げた。取材に応じてくれた方々には貴重な時間と情報、考え方を提供していただき、この場を借りて、感謝を申し上げたい。

　こうしたあとがきを書いている今も、様々な人がコンビニという巨大なインフラを動かし、消費者生活を支えている。マシンのようなシステムの裏には現場の人々のリアルな働き方が詰まっていることも今回目の当たりにした。想像以上に「ピープルビジネス」であり、関係者には改めて敬意を表したい。

　セブン―イレブン・ジャパン、ローソン、ファミリーマートがけん引するコンビニは大きな転機を迎えている。かつてのような出店競争は収まり、ローソンとファミマは株式の上場を廃止した。セブンもまた、世界的な買収合戦に巻き込まれた。少なくとも国内ではコンビニの成長は踊り場を迎え、次のステージに入りつつある。

少子高齢化や過疎化に対してコンビニがどんな役割を果たすのか、無人化が進むのか、グローバル化は可能なのか、興味はまだまだ尽きない。間違いなく、コンビニを観察することで経済・社会の流れが見えてくる。

『コンビニ全史』の刊行に日本経済新聞社の関係者にも感謝を申し上げたい。中でも日経電子版連載時からのデザイン担当である田村明彦氏、鎌田多恵子氏、藤沢愛氏、そしてブックデザインを担当してくれた梅田敏典デザイン事務所のみなさんは本に彩りを与え、読みやすさの向上に尽力してくれた。また原稿のチェックや手直し、仕掛け作りに多大な労力を払ってくれた総合解説センターの山根清志副グループ長には深く御礼を申し上げたい。そして何より拙著を最後まで読んでいただいた読者の皆様、ありがとうございます。

2024年11月某日。ナチュラルローソンで購入した柿、ファミマの今治産タオル、セブンの社史が目の前にある東京・大手町の本社の自席にて

日本経済新聞社　中村直文

コンビニ50年の主な出来事

年	コンビニ編	主な流行・消費・社会事象
1971	◆セイコーマートが札幌市に1号店	◆日経流通新聞ヒット番付スタート ◆日本マクドナルドが銀座に1号店
72	◆中小企業庁がコンビニエンスストア・マニュアル作成	◆ダイエーが売上高で三越を抜く
73	◆ファミリーマートが埼玉県狭山市に1号店	◆大規模店舗法が成立　◆第1次オイルショック
74	◆セブンイレブン1号店	◆巨人軍の長嶋茂雄選手が引退 ◆文庫本やカメラなど「ポケットサイズ」人気
75	◆ダイエーがローソン1号店	◆広島カープ初優勝で「赤ヘル」ブーム、使い捨てライターが人気
76	◆セブンイレブンが100店達成、「セブンイレブンいい気分」のCM開始	◆「およげ！たいやきくん」が大ヒット
77		◆ピンク・レディーがデビュー ◆映画「人間の証明」がヒット
78	◆セブンイレブンがおにぎり発売	◆米国のガルブレイス教授の「不確実性の時代」がベストセラー ◆インベーダーゲームが登場
79	◆日本デリカフーズ協同組合が発足、セブンイレブンがおでんの販売開始	◆ソニーが「ウオークマン」発売
80	◆ローソンとサンチェーンが業務提携 ◆セブンイレブンが1000店 ◆ミニストップ、サンクスが1号店	◆ルービック・キューブがヒット ◆山口百恵さんが引退 ◆マイコンやVTRがヒット　◆無印良品が登場
81	◆ファミマが100号店、セコマ道内100店	◆「窓際のトットちゃん」がベストセラー
82	◆ローソンとサンチェーン連合が1000店 ◆セブンがPOSシステム導入	◆1リッターカーが広がる ◆コンパクトディスクが登場

83

◆東京ディズニーランドが開業
◆NHK朝ドラ「おしん」ブーム

87

◆ファミマが1000店、沖縄に進出
◆セブンで電気料金の支払いOKに

◆アサヒビールの「スーパードライ」がヒット
◆花王の洗剤「アタック」がヒット

89

◆ローソンとサンチェーンが合併
◆ファミマ「あなたとコンビにファミリーマート」のキャッチコピー開始

◆平成時代にトヨタ自動車の「セルシオ」など高級車ブーム
◆栄養ドリンク「リゲイン」の「24時間、戦えますか？」が話題に

90

◆イトーヨーカ堂グループが米サウスランドに資本参加

◆「ちびまる子ちゃん」放映開始

91

◆ローソン、「マチのほっとステーション」宣言

◆「101回目のプロポーズ」がヒット
◆カルピスウォーター発売

93

◆Jリーグ開幕

95

阪神大震災が発生

◆マイクロソフトの「ウィンドウズ95」が登場
◆野茂投手がメジャーリーグに

96

◆ローソンが中国・上海に進出、「からあげクン」発売

◆80円ハンバーガーがヒット ◆「アムラー」ブーム
◆小説「失楽園」が話題に ◆たまごっち登場

97

◆ローソンが47都道府県への出店完了、「トイレ開放宣言」も

◆映画「もののけ姫」が大ヒット ◆JR京都伊勢丹が開業

98

◆伊藤忠商事がファミマの筆頭株主に
◆サークルケイとサンクスが資本業務提携
◆ローソンがマルチメディア端末「Loppi」導入

◆横浜ベイスターズが38年ぶりの日本一
◆映画「タイタニック」がヒット
◆消費税分還元セール ◆ユニクロ「フリース」ブーム

2000

◆ダイエーがローソン株を三菱商事に売却
（翌年、三菱商事が筆頭株主に）

◆長崎屋、そごうなど相次ぎ経営破綻
◆平日半額バーガー

01

◆アイワイバンク（現セブン銀行）がスタート
◆ファミマが500店を閉鎖発表
◆ローソンが「ナチュラルローソン」開始

◆イチローがメジャーリーグで活躍 ◆米で同時多発テロ
◆吉野家が200円台牛丼 ◆日本でBSE発生
◆マイカル破綻◆東京ディズニーシー開業 ◆「iPod」登場

年	コンビニ編	主な流行・消費・社会事象
03	◆セブンが1万店達成	◆六本木ヒルズ、伊勢丹新宿本店メンズ館が開業
04	◆セブンが北京に初出店	◆「冬のソナタ」がヒット、韓流ブームが到来 ◆ネット発の小説「電車男」
05	◆持ち株会社のセブン&アイ・ホールディングスを設立	◆クールビズ広がる ◆競馬の「ディープインパクト」旋風
06	◆ファミチキが登場	◆キッザニア東京　◆セブン&アイがそごう・西武を買収
07	◆セブンがPB「セブンプレミアム」を発売	◆電子マネーが普及　◆任天堂の「Wii」 ◆大丸と松坂屋が統合
08	◆セブン、省力型の店舗設備を導入開始	◆三越と伊勢丹が統合　◆日本でツイッター始まる
09	◆公正取引委員会がセブンに値引き制限で排除命令 ◆ローソンが「プレミアムロールケーキ」発売 ◆ローソンが均一価格型生鮮コンビニの九九プラスを完全子会社化	◆家電のエコポイント開始　◆「キリンフリー」登場 ◆ファストファッションがブーム　◆政権交代 ◆スマートフォンが本格化
10	◆ファミマがエーエム・ピーエムジャパンを買収	◆LED電球が普及へ　◆「食べるラー油」ブーム
11	**東日本大震災が発生** ◆ローソンが1万店達成	◆なでしこジャパンが女子W杯で優勝 ◆東北応援　◆九州新幹線
12	◆セブン、超小型電気自動車によるお届けサービス	◆LINE人気　◆格安航空会社が拡大 ◆東京スカイツリー開業
13	◆ファミマが1万店達成 ◆「セブンカフェ」登場、セブンゴールド「金の食パン」がヒット	◆朝ドラ「あまちゃん」、TBS系「半沢直樹」が大ヒット ◆豪華寝台列車「ななつ星in九州」が運行開始
14	◆ローソンがポプラと資本業務提携	◆妖怪ウオッチがヒット　◆「アナと雪の女王」がヒット ◆ヒト型ロボット「ペッパー」登場

15
◆ファミマがココストアを買収
◆北陸新幹線が開通 ◆定額配信が人気に

16
◆セブン＆アイ鈴木会長が退任
◆小説「コンビニ人間」がヒット 芥川賞を受賞
◆ファミマがサークルKサンクスを統合
◆ポケモンGOがブーム
◆映画「君の名は。」「シン・ゴジラ」がヒット
◆AI（人工知能）が広がる ◆大谷翔平選手の二刀流
◆「インスタ映え」「メルカリ」が話題に

17
◆ローソンを三菱商事が子会社化
◆アマゾン・エフェクトが流行語に
◆うんこ漢字ドリルがヒット

18
◆セブンが2万店達成
◆安室奈美恵さんが引退 ◆Tiktokの利用急増
◆サブスク広がる ◆「おっさんずラブ」が人気
◆ワークマン人気

19
◆セブンの東大阪市のオーナーが24時間営業を巡り「反乱」
◆ラグビーW杯で日本がベスト8
◆タピオカブーム ◆ウーバーイーツ拡大

20
新型コロナウイルスの感染拡大
◆在宅勤務や学習 ◆巣ごもり消費
◆鬼滅の刃が大ヒット

21
◆セブンが米の同業、スピードウェイを買収
◆二刀流の大谷選手がメジャーでMVP
◆無観客の東京五輪

22
◆セブンイレブンが世界で8万店に
◆ヤクルト1000と村神様 ◆ちいかわ

23
◆セブンカフェスムージー
◆WBC優勝 ◆藤井八冠 ◆生成AI
◆阪神タイガース38年ぶり日本一
◆コンビニジムのチョコザップ
◆YOASOBIの「アイドル」

24
◆ローソンにKDDIが50％出資、上場廃止
◆セブンにカナダの同業が買収提案。創業家が対抗策でMBO提案
◆新NISA
◆北陸新幹線が福井まで延伸 ◆円安
◆TBS系「不適切にもほどがある！」がヒット
◆没入体験

中村直文（なかむら・なおふみ）
日本経済新聞 編集委員

1989年日本経済新聞社入社。

産業部、流通経済部で百貨店・スーパー・食品メーカーなどを担当。

日経MJ編集長などを経て、現職。

コンビニ全史

日本のライフスタイルを変えた50年の物語

2024年12月17日　1版1刷

著　者
中村直文

発 行 者
中川ヒロミ

発　行
株式会社日経BP　日本経済新聞出版

発　売
株式会社日経BPマーケティング
〒105-8308 東京都港区虎ノ門4-3-12

装幀・本文デザイン
梅田敏典デザイン事務所

印刷・製本
シナノ印刷株式会社

© Nikkei Inc., 2024
ISBN978-4-296-12045-1　Printed in Japan

本書の無断複写・複製（コピー等）は著作権法上の例外を除き、禁じられています。

購入者以外の第三者による電子データ化および電子書籍化は、私的使用を含め一切認められておりません。

本書籍に関するお問い合わせ、ご連絡は下記にて承ります。

https://nkbp.jp/booksQA